Collection Documents

– *L'Ennemi de l'Intérieur*, Alexandre Langlois ;
– *La Planète Terre, ultime arme de guerre*, tomes 1 et 2,
Dr Rosalie Bertell ;
– *L'Arme climatique* et *L'Arme environnementale*, Patrick Pasin ;
– *Géopolitique des cryptomonnaies*, Nancy Gomez et Patrick Pasin.

Collection Santé

– *Vaincre le Covid-19 et autres virus par la médecine traditionnelle chinoise*, Angelina Jingrui Cai ;
– *Se débarrasser de ses douleurs*, Weiming Shi ;
– *Vaccins - Oui ou Non ?*, Stefano Montanari, Antonietta Gatti, Serge Rader.

Talma Studios
231, rue Saint-Honoré
75001 Paris – France
www.talmastudios.com
info@talmastudios.com
Image de couverture : Reuters / Pool - stock.adobe.com
ISBN : 979-10-96132-46-1

David Libeskind

UN PRÉFET DE POLICE
HORS-LA-LOI ?

LE CAS EMBLÉMATIQUE
DU PREMIER ANNIVERSAIRE
DES GILETS JAUNES

À toutes les victimes.

Malgré le déni de tous les responsables au sommet de l'État, y compris du président de la République, l'usage de la force « légitime » contre les Gilets jaunes, dès les premières manifestations, ne peut paraître « proportionné », alors que c'est une exigence de la loi. Est-il légal, aussi, de « séquestrer » durant près de six heures rue Vignon à Paris dans le 9e arrondissement des Gilets jaunes pacifiques, mais également des personnes qui ne sont pas même manifestantes ?
La réalité des faits est établie par les médias[1], dont BFMTV :

> Selon nos informations, la rue Vignon a bien été bloquée pendant six heures par les policiers mobilisés samedi. Les autorités justifient ce dispositif par l'absence de déclaration de manifestation. La préfecture de police avait en effet interdit d'accès plusieurs secteurs, jugés sensibles, dont la rue Vignon, qui faisait partie des rues barrées et inaccessibles, précise une source policière. Les cordons de CRS avaient notamment pour objectif de bloquer l'accès aux grands magasins, restés ouverts à deux jours de Noël. Elle a été rouverte vers 17 h 30.

Les policiers eux-mêmes s'alarment de cette situation. Le syndicat France Police – Policiers en colère, exprime par le biais

____

1. Justine Chevalier, *Mobilisation des Gilets jaunes : que s'est-il passé rue Vignon ?*, BFMTV, 24/12/2018.

d'un communiqué ses vives inquiétudes quant au respect des dispositions légales et aux instructions illégales qu'ils reçoivent, notamment au sujet de cette manifestation rue Vignon :

> Notre organisation syndicale demande au procureur de la République de préciser le statut de ces personnes.
>
> Soit elles sont placées en garde à vue avec les droits y afférents pour participation à une manifestation non déclarée, depuis le moment où elles ont été privées de liberté d'aller et venir, soit elles doivent être libérées sur le champ.
>
> Les conditions de parcage de ces manifestants sont contraires à toutes les règles de droit et contraires à la dignité humaine.
>
> L'autorité judiciaire doit passer au-dessus de l'autorité administrative pour faire respecter les libertés publiques.
>
> Notre pays est une démocratie, pas un État totalitaire.[2]

En effet, est-il justifiable de bloquer des manifestants dans une rue pendant **six heures** ? Est-ce même légal ? Clairement non, selon France Police – Policiers en colère.

Autre exemple : le dimanche 6 janvier 2019, une manifestation « Femmes Gilets jaunes » se déroule à Paris. Plusieurs centaines de femmes vêtues d'un gilet jaune se rassemblent sur la place de la Bastille à 11 h 00, afin de donner une image inédite du mouvement. Vers 13 h 30, elles sont réunies sur la place de l'Opéra, dans le 9e arrondissement.

Bien qu'aucun débordement ne se produise, la place est encadrée par un important dispositif policier. Les CRS empê-

____

2. Communiqué du syndicat France Police-Policiers en colère, 22/12/2018.

chent les manifestantes de quitter les lieux jusqu'à environ 17 h 00. Ces femmes, dont le côté pacifique ne peut être contesté, sont ainsi séquestrées durant près de trois heures et demie sur la place de l'Opéra. Certaines d'entre elles ne sont pas même manifestantes, mais les policiers ne veulent rien entendre. Ils ont manifestement des ordres, dont il est difficile de considérer qu'ils respectent les droits élémentaires de la personne.

En conséquence, elles voient leur liberté d'expression, leur liberté de manifester et leur liberté de circulation entravées. Certaines doivent même se résoudre à uriner sur la voie publique, ce qui est une véritable humiliation, tout en recevant du gaz à bout portant.

Cette violence récurrente de l'État ne peut que heurter l'avocat engagé dans la défense des libertés publiques que je suis, et me conduit inévitablement à fonder en décembre 2018 un groupe sur les réseaux sociaux, « Robes noires et Gilets jaunes », pour assurer leur défense individuelle et collective[3].

La notion de défense collective est d'ailleurs importante : c'est à force de communications et de plaintes collectives contre l'ancien préfet de police, Michel Delpuech, et contre X que la durée des nassages pendant les manifestations est fortement réduite, passant de six heures à deux heures au maximum[4].

---

3. Il est composé actuellement de plus de 200 avocats sur toute la France et de près de 20 000 membres. Son objet est d'informer les Gilets jaunes de leurs droits et de les aider dans les méandres judiciaires dont ils sont peu familiers.
4. Il existe deux types de nasse : la nasse mobile, avec les forces de l'ordre encadrant les manifestants de tous côtés sur les trottoirs, devant le cortège comme derrière ; et la nasse non mobile, qui consiste à encercler de toutes parts toutes personnes sur une place, manifestants ou non, pendant plusieurs heures, voire une demi-journée sans possibilité de sortir.

Néanmoins, les actes attentatoires aux libertés de manifester et de circuler n'ont de cesse de se multiplier sous ce gouvernement et ses préfets. La technique consiste à interdire systématiquement par arrêté préfectoral la manifestation des Gilets jaunes la veille de celle-ci, donc tardivement afin d'éviter un recours en urgence devant le Tribunal administratif saisi en référé. Tous les samedis, le centre et l'ouest de Paris sont automatiquement interdits « aux personnes se revendiquant comme Gilets jaunes » suivant les termes des arrêtés[5].

Nous aurions pu penser que les actes attentatoires aux libertés publiques étaient spécifiques à l'ancien préfet de police de Paris ; or, ils deviennent la règle sous le règne de son successeur, Didier Lallement. En conséquence, nous pourrions multiplier les exemples pour démontrer les nombreuses transgressions aux libertés publiques, mais nous avons choisi un cas symbolique et flagrant, celui de la manifestation de la place d'Italie pour le premier anniversaire des Gilets jaunes, le 16 novembre 2019.

Co-déclarant de cet événement avec Priscillia Ludosky et Faouzi Lellouche, je suis naturellement présent sur place, et, comme tout le monde, aux premières loges pour subir les violations du droit par les forces de l'ordre, sous la direction du préfet de police.

---

5. Exemples : arrêtés des 4 janvier 2020, 9 janvier 2020, 11 janvier 2020, 18 janvier 2020, 29 janvier 2020, 31 janvier 2020, 6 février 2020, 15 février 2020, 22 février 2020, 29 février 2020 et du 4 mars 2020.

1ère PARTIE

LE MÉPRIS DU DROIT

1. Violences policières choquantes

Fait unique et inique dans l'histoire de France, cette manifestation des Gilets jaunes, pourtant légale et autorisée par la préfecture de police de Paris, est annulée au dernier moment, une trentaine de minutes avant le départ du cortège.

Préméditation de la part de l'exécutif pour tenter d'étouffer un mouvement social qui dure depuis plus d'un an ? Le doute est largement permis tant les incohérences ne trouvent pas de réponse. Ce point de vue est, en tout cas, partagé par des avocats[6], des policiers[7], des organisations des droits de l'homme, des journalistes, des citoyens venus manifester et même des partis politiques.

---

6. Régis de Castelnau, *Didier-Lallement-mepris-des-gens-mepris-des-lois,/* vududroit.com, 11/2019.

7. Par exemple, Alexandre Langlois, secrétaire général du syndicat VIGI Police, déclare dans une interview au média Sputnik France : « Elle a été interdite une fois la manifestation commencée. C'est pareil, c'est la même chose. C'est quelqu'un qui est soit incompétent, soit par facilité, qui a fait ce choix, soit par une volonté de répression. Parce que ce n'est pas dans la manifestation qu'on va se renseigner si elle est interdite ou pas. Elle a été déclarée, c'est autorisé, on est présent. Donc maintenant, il faut assumer l'encadrement. Le préfet de police s'est justifié en disant que c'est parce qu'il y avait plein de casseurs, de délinquants et de criminels dans la manifestation. Justement, c'est son travail d'assurer et de donner des ordres cohérents pour que la manifestation se déroule calmement et en sécurité. Il n'a pas voulu faire le choix de défendre les valeurs de la République, c'est-à-dire d'assurer la sécurité de la manifestation et des riverains. Il a fait le choix de mettre tout le monde dans le même panier, c'est-à-dire une punition collective et de transformer par un tour de passe-passe bureaucratique des manifestants en délinquants. C'est une honte dans une République comme la France. », Alexandre Langlois, *Le préfet de police a transformé par un tour de passe-passe bureaucratique*, sputniknews.com/ France, 18/11/2019.

9

Cette politique gouvernementale discriminante et violente à l'encontre des Gilets jaunes depuis l'automne 2018 n'a d'ailleurs pas manqué de stupéfier les instances européennes et internationales. Ainsi, le 14 février 2019, les députés du Parlement européen

> dénoncent le recours à des interventions violentes et disproportionnées de la part des autorités publiques lors de protestations et de manifestations pacifiques.[8]

Pour sa part, Michelle Bachelet, la haut-commissaire aux droits de l'homme des Nations Unies, met en accusation la France dans un rapport du mois de mars 2019. Elle demande « une enquête approfondie sur tous les cas rapportés d'usage excessif de la force » lors des manifestations des Gilets jaunes[9]. Le 30 janvier 2020, la Commission nationale consultative des droits de l'homme (CNCDH) condamne les violences policières « illégitimes »[10].

Ces avertissements ne sont pas entendus. Il faut dire que l'enjeu du premier anniversaire du mouvement des Gilets jaunes est de taille pour l'exécutif : la peur d'une forte mobilisation dans la capitale et de revivre un événement comparable à celui du 17 novembre 2018[11].

---

8. AFP, *Gilets jaunes, le parlement europeen condamne l'usage du lbd*, *L'Express*, 14/12/2019.

9. AFP, *Gilets jaunes : l'ONU demande à la France d'enquêter sur « l'usage excessif de la force »*, *Le Monde*, 06/03/2019.

10. *La commission nationale consultative des droits de l'homme condamne les violences policières « illégitimes »*, *L'Obs*, 30/01/2020.

11. Les médias, traditionnellement hostiles à l'encontre du mouvement des Gilets jaunes, n'ont pas manqué de faire de la surenchère, ce premier anniversaire étant pour les Gilets jaunes synonyme de quasi-fête nationale.

D'un autre côté, le mouvement des Gilets jaunes, dont la mobilisation baisse, en raison de la répression policière et judiciaire particulièrement sévère à son encontre,[12] espère redonner espoir et vigueur à ce qu'il n'est plus permis d'appeler « la crise des Gilets jaunes », mais bien le « mouvement social Gilets jaunes ».

2. Désorganisation de la manifestation

Le premier parcours proposé pour cette manifestation relie le parvis de la gare Saint-Lazare et l'esplanade des Invalides. La préfecture oppose une fin de non-recevoir, estimant que les périmètres d'interdiction pour la manifestation concernent le centre, l'ouest et la rive gauche de la capitale.

Pour parer à notre déclaration, la préfecture de police ne manque pas d'imagination : dès le lendemain, elle interdit de manifestation par arrêté préfectoral l'ouest et le centre de Paris (cf. plan p. 13). Elle « invite » ensuite les organisateurs que nous

---

12. Les chiffres sur le plan national font d'ailleurs froid dans le dos : en l'espace d'un an, quelque 2 500 blessés sont recensés parmi les manifestants, selon le « décompte » du ministère de l'Intérieur. Ce chiffre est sans doute largement en deçà de la réalité, compte tenu de la doctrine du pouvoir politique à l'encontre des Gilets jaunes. La députée Clémentine Autin évoque, quant à elle, le chiffre de 24 000 blessés. Selon le décompte du journaliste indépendant David Dufresne, **vingt-sept personnes furent éborgnées** et **cinq eurent la main arrachée** depuis le début de ce mouvement inédit de contestation sociale. En l'espace de six mois de mobilisation, les forces de l'ordre effectuèrent un total de 12 107 interpellations, qui se soldèrent par 10 718 gardes à vue, selon les chiffres du gouvernement publiés début avril 2019. Bilan : près de deux mille condamnations prononcées, dont 40 % avec de la prison ferme, et autant d'affaires classées sans suite, selon la ministre de la Justice, Nicole Belloubet. L'exécutif n'a pas annoncé de nouveaux chiffres depuis. Le média indépendant *Bastamag !* avança fin septembre 2019 le chiffre de trois mille condamnations, dont un tiers assorties de prison ferme.

sommes à proposer d'autres trajets, avec « un lieu de dispersion situé dans l'est » de Paris.[13]

– Jamel Bouabane :
(...) la manifestation a été déclarée. J'ai fait partie du collectif avec Faouzi Lellouche, David Libeskind et Priscillia Ludosky. Je suis allé avec Faouzi Lellouche et Jérôme Rodrigues à la préfecture. C'est Faouzi qui a proposé le parcours. Son interlocuteur de la préfecture ne voulait pas que ce soit dans le centre de Paris. Un major était présent. Faouzi a été obligé de négocier avec le bras droit de Didier Lallement. On ne comprenait pas pourquoi le préfet avait pris un arrêté (...).

– Jérôme Rodrigues :
J'ai eu la chance d'assister à une réunion avec Faouzi au sein de la préfecture avec le major qui donnait l'autorisation ou pas du chemin de la manifestation (...) J'étais dans le bureau, j'ai bien senti que tout était fait pour empêcher de manifester, d'avoir le cheminement qu'on voulait et que la discussion était assez compliquée. Quand j'ai vu le major faire un énorme cercle sur l'ensemble de la zone interdite, et que je lui ai fait remarquer que c'était le genre de chose qui allait créer des complications et provoquer des violences, je me suis royalement fait envoyer balader (...).

Le nouveau trajet « autorisé » prévoit le départ du cortège depuis la place d'Italie à 14 h 00, par le boulevard de l'Hôpital,

____

13. Anne Frantz, *Un an des gilets jaunes, ce qui est prévu ce week-end*, *Le Figaro*, 14/11/2019.

pour finir dans le 10ᵉ arrondissement, l'autorisation de se rassembler étant effective dès 10 h 00 du matin, afin de laisser le temps aux manifestants venant de province de rejoindre Paris.

Le lieu de rassemblement place d'Italie surprend : il est déconseillé par le maire du 13ᵉ arrondissement auprès de la préfecture, puisque « trois chantiers très importants » y sont engagés, avec de nombreux matériaux lourds et des réserves de ce qui peut être utilisé comme projectiles par les manifestants. Il se trouve aussi sur cette place un monument commémoratif militaire. La préfecture reste « mystérieusement » indifférente aux observations du maire[14]. De cette manière, la place semble offerte aux casseurs, avec les « armes » dont ils ont besoin.

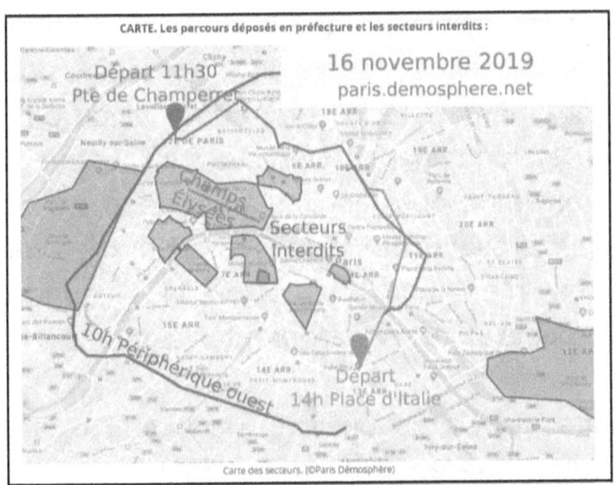

Carte des secteurs. (©Paris Démosphère)

14. « Plusieurs personnalités s'interrogent sur le choix du lieu, alors que la place d'Italie était en travaux, comme n'a pas manqué de le faire remarquer le maire du 13ᵉ arrondissement, Jérôme Coumet, sur BFMTV. "Je trouvais que le site avait été mal choisi. Trois chantiers très importants, dont un échafaudage devant la mairie et vous comprenez bien qu'on ne peut pas le démonter le vendredi pour le samedi, c'est totalement impossible. Et d'ailleurs, la mairie a elle-même été attaquée, heureusement sans conséquence. Les casseurs ont essayé de mettre le feu à cet échafaudage. J'avais essayé d'alerter la préfecture de police", a-t-il déclaré, ajoutant : "Je pense qu'on aurait pu mieux choisir le site de rassemblement. J'imagine que la préfecture de police fera mieux la prochaine fois". » BFMTV, 11/2019.

3. Open bar policier

Cette indifférence a de quoi étonner lorsque l'on sait que la préfecture de police est la première responsable de la sécurité sur le territoire de Paris et des départements des Hauts-de-Seine, de la Seine-Saint-Denis et du Val-de-Marne. De plus, elle a la charge de l'ordre public, au travers de ses propres directions de police ou en faisant appel aux unités de la gendarmerie nationale ou aux compagnies républicaines de sécurité.

Ne s'agit-il pas, alors, d'une faute caractérisée de sa part, puisqu'elle sait pertinemment que l'événement rassemblera des milliers de manifestants venus de toute la France ? Or, il n'y a pas de forces de l'ordre pour encadrer le rassemblement. C'est ainsi, de manière délibérée, que la préfecture de police laisse les lieux se remplir, sans prendre aucune mesure pour contrôler les sacs, alors même que le comportement de certains laisse à penser qu'ils n'ont rien à voir avec les Gilets jaunes. Les contrôles préalables des manifestants, voire les nombreuses interpellations préventives ordonnées lors des précédentes manifestations, n'ont pas lieu ce jour-là. Aucune explication n'est fournie par la suite par les autorités sur cette décision qui... interpelle.

Afin d'illustrer cette situation, voici, par exemple, le témoignage de Julien, journaliste-reporter indépendant :

– Julien M

Personnellement, je n'ai pas été contrôlé, pourtant j'étais en tenue anti-émeute, je ne passais pas inaperçu. Certains manifestants m'ont traité de CRS, alors que pas du tout. Il n'y avait pas de force de l'ordre sur la place d'Italie.

Pour justifier l'absence de ces contrôles, le préfet ne peut se retrancher derrière une éventuelle absence de droit sur cette question précise, puisqu'il la rappelle en page 1 de son *Arrêté n° 2019-00890 portant mesures de police applicables à Paris à l'occasion d'appels à manifester dans le cadre du mouvement dit des « gilets jaunes » du vendredi 15 au dimanche 17 novembre 2019*, qui inclut la manifestation de la place d'Italie :

> Considérant que, en application des réquisitions écrites du procureur de la République près le tribunal de grande instance de Paris, les officiers de police judiciaire et, sur l'ordre et sous la responsabilité de ceux-ci, les agents de police judiciaire, sont autorisés à procéder sur les lieux d'une manifestation et à ses abords immédiats à l'inspection visuelle et à la fouille des bagages, ainsi qu'à la visite de véhicules circulant, arrêtés ou stationnant sur la voie publique, conformément à l'article 78-2-5 du code de procédure pénale (...).

Quelques casseurs commencent à opérer sur la place d'Italie dès 10 h 00-10 h 30. Des feux sont allumés, du matériel de chantier est saisi et du mobilier urbain dégradé, ce qui suscite l'intervention des pompiers et de policiers en civils.

> – Jamel Bouabane :
> Je suis arrivé sur la place d'Italie aux alentours de 9 h 00. Tout se passait bien. Les hostilités ont commencé vers 10 h 00. Un camion a déposé des « black blocs »[15]. Les gazages ont commencé vers 10 h 30 (...).

---

15. Ici le terme « black blocs » est entre guillemets, car seule une enquête pourrait confirmer si ce sont des policiers en civil vêtus de noir, des casseurs, des Gilets jaunes, des anarchistes... certains agissant isolément et d'autres en groupe.

– Christophe :

À peine arrivé sur la place d'Italie, j'ai vu des policiers déguisés en casseurs.

– Franck O. :

J'étais place d'Italie pour l'acte 53. J'étais dans ce bourbier, dans ce piège. Dans ce truc bien organisé pour que ça parte en vrille. Moi, je suis arrivé sur les coups de 9 h 30, c'était calme, mais il y avait plein de choses qui me surprenaient. Il n'y avait pas trop de flics, pas de CRS. J'ai vu de mes yeux un camion de la mairie de Paris déposer des palettes au milieu. J'étais étonné que ce camion se fasse vider par des black blocs. Après, j'ai bien compris que ce n'était pas des black blocs qui avaient aidé à vider ce camion.

Cela amène *Libération* à rapporter ainsi la situation racontée par un manifestant :

Un petit groupe de l'Est lyonnais, venu à Paris pour le premier anniversaire des Gilets jaunes, est arrivé « *vers 9 h-9 h 30* » sur la place d'Italie qui était alors ouverte. « *Il y avait déjà un feu sur le côté et une vingtaine de personnes habillées en noir, mais la place était ouverte. Vers 10 heures, un camion de la ville est arrivé sur la place et s'est arrêté. Je n'ai pas vraiment vu s'il avait été bloqué, mais des gens habillés en noir ont déchargé du bois, et il a redémarré. Il est passé devant les CRS, qui étaient à une cinquantaine de mètres et ont laissé faire.* »[16]

____

16. Emma Donada, *Manu, le gilet jaune blessé par une grenade lacrymogène samedi a perdu son œil*, Libération, 19/11/ 2019.

Or, nous l'avons signalé ci-dessus dans l'extrait de l'Arrêté n° 2019-00890 du préfet, il est stipulé que la police peut inspecter visuellement et fouiller « les véhicules circulant, arrêtés ou stationnant sur la voie publique, conformément à l'article 78-2-5 du code de procédure pénale ». Donc, les CRS laissent décharger tranquillement, au vu et au su de tous, un camion avec du matériel qui peut être utilisé pour commettre des actes de violence ?

Compte tenu de l'ensemble de ces faits, est-il possible d'affirmer que la préfecture de police de Paris a tout mis en œuvre pour satisfaire à sa mission de sécurisation de la manifestation et de protection des populations ?

– Jérôme Rodrigues :

(…) À la place d'Italie, je suis arrivé tôt comme d'habitude. J'ai trouvé que les échauffourées ont commencé tôt, on était soi-disant sur un phénomène black blocs pour ne pas les nommer. Il était entre 9 h 00 et 10 h 00. C'est ce qui m'a paru a posteriori surprenant (…) les black blocs ont une méthodologie d'action qui n'était pas du tout celle que j'avais l'habitude de voir dans les précédentes manifestations. D'où venaient les violences ? Moi, je ne suis pas certain que ce soit les black blocs. Savoir qui c'était, je ne peux pas affirmer que c'étaient des policiers habillés en noir (…). D'où venait ce climat de violence ? Comment ça se fait que ça a commencé aussi tôt ? Alors qu'on n'avait pas encore démarré la manif ? (…).

– Vivianne :

Quand je suis arrivée sur la place d'Italie vers 12 h 00, il y avait des petits groupes de personnes en attente du début de la manifestation. Il y avait des drapeaux français, des drapeaux régionaux, américains et de Hong Kong avec leur parapluie. Il y avait de nombreux médias étrangers, notamment d'Italie, d'Espagne et des pays arabes. Il y a eu des gaz, je n'ai pas compris pourquoi (...).

– Julien M. :
Journaliste reporter indépendant, je vais sur mes dix-neuf ans, je viens de la Rochelle, je couvre les mouvements sociaux, toutes les manifestations pour diffuser une information juste sans donner vraiment de commentaires.
(...) Il y a eu ces fameux black blocs ou flics [silence d'interrogation], qui sont arrivés dans la matinée. Ils ont retourné et cramé une voiture qu'il y avait place d'Italie. J'ai interviewé la propriétaire, qui était une manifestante Gilets jaune et n'était pas contente. On n'aura jamais la certitude que ce sont des flics, mais c'est un comportement bizarre des manifestants, qui crament les voitures des autres... manifestants. C'était pourtant pas des voitures très très chères (...).

Alors même que la situation tend à se calmer vers 13 h 30, le préfet de police déclare soudainement que la manifestation pourtant légale qui doit démarrer boulevard de l'Hôpital est désormais interdite.
La notification se fait par téléphone, par un policier, sous le prétexte, notamment, de dégâts matériels commis par des casseurs sur la place d'Italie, contrairement à la procédure qui impose que l'interdiction soit émise par un arrêté préfectoral,

par une décision administrative. Dans le même temps, le préfet Lallement déclare en conférence de presse :

> Même si les images sont spectaculaires place d'Italie, il n'en reste pas moins que l'ensemble du reste du territoire parisien est calme. Il n'y a, fort heureusement, pas de destructions dans les autres endroits de Paris.[17]

Le « reste du territoire parisien » est évidemment calme, puisque les Gilets jaunes se sont naturellement regroupés sur la place d'Italie, là où la manifestation est autorisée et légale.

Cette situation inédite d'annulation expose alors les manifestants présents place d'Italie à se trouver dans une situation infractionnelle et à être passibles d'une amende de 135 euros ![18]

L'officier de liaison indique donc par téléphone à Faouzi Lellouche d'une décision qu'aurait prise le préfet de police, en ces termes :

> Manifestation interdite, annulée (...) trop de dégâts, trop de problèmes, c'est terminé.

Quelques minutes plus tard, ce même capitaine de police précise à nouveau à Faouzi Lellouche que « c'est fini, ça a été

---

17. *Gilets jaunes, la situation est parfaitement sous contrôle assure le préfet de police, Francetvinfo.fr.*
18. Selon l'article L211-4 du code de sécurité intérieure : « Si l'autorité investie des pouvoirs de police estime que la manifestation projetée est de nature à troubler l'ordre public, elle l'interdit par un arrêté qu'elle notifie immédiatement aux signataires de la déclaration au domicile élu ». Le fait de participer à une manifestation interdite sur la voie publique est puni de l'amende prévue pour les contraventions de la quatrième classe (article R644-4 du Code pénal).

interdit, tout est fermé, là ». Un autre officier de police l'appelle pour lui signifier sans aucune ambiguïté :

> Là, vous ne bougerez plus, c'est fini, maintenant (...) les évènements ont changé, maintenant vous ne bougerez plus de la place.

De quels événements parle-t-il à ce moment ? À ce jour, il est encore impossible de le savoir.

Quelques minutes après ce coup de téléphone, sans échange ni négociation, le préfet de police Didier Lallement annonce l'interdiction de manifester. Le ton martial et triomphant utilisé pendant la conférence de presse vient renforcer le sentiment d'injustice de ceux qui ne voulaient user que de leur droit de manifester.

Or, il ressort de la jurisprudence de la Cour européenne des droits de l'homme qu'une manifestation pacifique ne devrait pas, en principe, être soumise à la menace d'une sanction pénale (CEDH, Akgöl et Göl c. Turquie, 31 janvier 2012, n° 28495/06 et 28516/06, § 43 ; CEDH, Aşıcı c. Turquie (n° 2), 17 mai 2011, n° 26656/04, § 49 ; CEDH, Çelik c. Turquie (n° 3), 15 novembre 2012, n° 36487/07, § 92).

Et que toute manifestation dans un lieu public est naturellement susceptible de causer un certain désordre dans le déroulement de la vie quotidienne et de susciter des réactions hostiles. Elle estime que cette circonstance ne justifie pas en soi une atteinte à la liberté de réunion (CEDH, Berladir et autres c. Russie, 10 juillet 2012, n° 34202/06, §§ 38-43).

En conséquence, le prétexte de troubles à l'ordre public invoqué par le préfet de police pour annuler une manifestation est irrecevable.

Si certaines personnes commettent des violences pendant une manifestation, le droit européen et international rappelle que cela ne doit pas nécessairement remettre en cause le caractère généralement pacifique du reste de la manifestation.

Ce sont bien tous ces principes de droit que semblent rejeter le préfet de police lorsqu'il prend la décision d'annuler cette manifestation sous couvert de troubles à l'ordre public.

Noam Anouar, policier et délégué syndical de VIGI Police :

> (...) Je me suis rendu au rassemblement de protestation sachant que la préfecture avait donné son aval (...) j'ai voulu y aller également en tant qu'observateur pour avoir un œil sur le dispositif du maintien de l'ordre. Je suis arrivé vers 14 h 00 et un CRS m'a barré la route au niveau de l'avenue d'Italie pour m'empêcher l'accès à la place d'Italie. Je lui demande pourquoi. Il me répond que c'est interdit. Il y a un tas de gens qui essaient d'accéder à la place, qui sont furieux parce qu'ils sont venus de province (...) et on leur a notifié une fois qu'ils étaient sur place l'interdiction du rassemblement. Le problème, c'est qu'il y avait des cordons de CRS qui empêchaient l'entrée à la place d'Italie et également les personnes de sortir (...).

Décision étrange : la manifestation est annulée, mais les manifestants sont nassés et empêchés de partir.

4. Le préfet qui n'aimait pas les Gilets jaunes

L'exemple de l'anniversaire des Gilets jaunes n'est pas un coup d'essai. Didier Lallement est nommé préfet de police de Paris le 20 mars 2019 par le président de la République, Emmanuel Macron[19], en remplacement de Michel Delpuech, écarté sous le motif officiel de sa mauvaise gestion des manifestations du mouvement des Gilets jaunes, et particulièrement pour la manifestation du 16 mars 2019 sur l'avenue des Champs-Élysées. En fait, ce remplacement était prévu de longue date, la police en était informée. Quelle était l'utilité de cette dissimulation de la vérité ?

Le préfet ainsi « limogé » trouve rapidement une nouvelle fonction : il est nommé conseiller d'État en service extraordinaire, à peine un mois après avoir été écarté, par un décret gouvernemental du 11 avril 2019[20]. Il devient donc magistrat de l'ordre administratif, alors même que près de cent plaintes pénales ont été déposées quelques semaines auparavant à son encontre par des Gilets jaunes...

Son successeur, Didier Lallement, selon des témoignages de personnes l'ayant côtoyé professionnellement lorsqu'il était préfet de Gironde, décrivent une personnalité inquiétante : un « préfet impitoyable » et « sévère »[21].

Fin avril 2019, un rapport de l'Observatoire girondin des libertés publiques – il regroupe différentes associations, telles que la Ligue des droits de l'homme, le Syndicat des avocats

---

19. Décret du 20 mars 2019 portant nomination du préfet de police - M. LALLEMENT (Didier) - JORF n°0068 du 21 mars 2019.
20. Philippe Barthelemy, *Après l'avoir débarqué, Emmanuel Macron bombarde l'ex-préfet Michel Delpuech au conseil d'État*, 19/04/2019.
21. Willy le Devin, Ismaël Halissat et Eva Fonteneau, *Lallement, le nouveau préfet qui fait flipper les flics, Libération*, 23/03/2019.

de France, Médecins du monde, Greenpeace –, souligne sa « politique d'intimidation » à l'égard des manifestants Gilets jaunes, ce qui aurait entraîné des traitements dégradants et des problèmes de santé chez certains d'entre eux[22].

Fin 2017, lorsque Alain Juppé, ancien Premier ministre et maire de Bordeaux, apprend que Didier Lallement va être nommé comme préfet en Gironde, il aurait téléphoné à Dominique Perben, ancien garde des Sceaux et ami du préfet, en questionnant : « Dis donc, il paraît qu'on m'envoie un nazi ? » Pas de quoi choquer Dominique Perben, qui « éclate de rire et dresse l'éloge de son ami », ajoute le journaliste du *Monde*[23].

La charge du préfet de police de Paris est éminemment politique[24], car il est rattaché à la seule autorité du ministre de l'Intérieur, dont il reçoit directement les instructions.

Didier Lallement s'est d'ailleurs positionné comme un politique : à l'instar de l'exécutif, il n'hésite pas à s'afficher contre le mouvement des Gilets jaunes dans les médias. Par exemple, répondant à une manifestante âgée et pacifique lui disant être Gilet jaune et lui demandant pourquoi il n'arrive pas à arrêter les blacks blocs, sa réponse est sans équivoque : « Mouais, Mouais (...) Nous ne sommes pas dans le même

---

22. Le rapport accablant à l'encontre du préfet dénonce notamment l'usage de sommations « purement formelles », la mise en place de pelotons voltigeurs à moto ainsi que l'usage jugé abusif des nasses, cf. Pascale Pascariello, *Maintien de l'ordre : à Bordeaux, la « politique d'intimidation » du préfet Lallement*, [archive], *Mediapart*, 30/04/2019.
23. Ariane Chemin et Nicolas Chapuis, *Enquête sur Didier Lallement, le préfet de police à poigne d'Emmanuel Macron, Le Monde*, 23/02/2019.
24. C'est Napoléon Bonaparte qui crée la magistrature du préfet de police par la loi du 28 pluviôse an VIII (17 février 1800 et par l'arrêté du 12 messidor an VIII (1er juillet 1800). Il rattache ainsi au pouvoir central les attributions de police générale qui dépendaient de la Commune de Paris avant le Consulat.

camp Madame »[25], confirmant ainsi son rôle de serviteur zélé au service de l'exécutif, qui l'approuve implicitement. Pourtant, la question sur les blacks blocs était très intéressante, même fondamentale, et la population, pas seulement les Gilets jaunes, aimerait évidemment connaître ses explications face à un tel échec.

Ce préfet est devenu un symbole de la violence policière. Tout le monde reçoit ses « bons » offices : Gilets jaunes, pompiers, écologistes, féministes, personnels de santé, sans-papier, avocats, enseignants, syndicalistes, cheminots, font tous l'objet de répression, en dépit du pacifisme des manifestations. Mediapart ne manque pas d'ailleurs de souligner les pratiques « illégales » du préfet, à partir de notes de la gendarmerie nationale et de CRS questionnant la légalité des ordres donnés par celui-ci : « Des pratiques contraires à la législation ainsi qu'à la réglementation » et « des emplois disproportionnés de la force » sont ainsi soulignés[26].

5. Le préfet qui n'aimait pas les avocats des Gilets jaunes

Il ne semble pas non plus supporter les avocats défenseurs de Gilets jaunes. Il n'hésite pas à me cibler en me faisant notifier des amendes. La première fois, le 29 février 2020 en début d'après-midi, lors d'un rassemblement d'une dizaine de citoyens devant l'Assemblée nationale, organisé notamment par Faouzi Lellouche, dont je suis l'avocat. Une amende de 135 € pour participation à une manifestation interdite sur la voie publique m'est verbalisée,

25. Yann Barthès, *vidéo zoom on n'est pas dans le même camp, les propos polémiques du préfet de Paris aux Gilets jaunes*, TF1, 18/11/2019.
26. Pascale Pascariello, *Les pratiques « illégales » du préfet Lallement*, Médiapart, 17 mars 2020.

alors même que j'ai décliné ma qualité professionnelle à l'agent verbalisateur et que je suis en train de donner une interview au média RT France, qui m'a sollicité sur place.

Quelques heures plus tard, Faouzi Lellouche est arrêté par les forces de l'ordre et placé en garde à vue pour organisation d'une manifestation interdite, puis blanchi par le procureur de la République pour « infraction insuffisamment caractérisée ».

Deux semaines après, soit le 14 mars 2020, je subis le même traitement, puisqu'une seconde amende m'est notifiée. Ce jour-là, je me suis rendu au commissariat de police du 13e arrondissement pour assister Priscillia Ludosky, placée en garde à vue depuis la veille, parce qu'elle a mené une action avec ANV-COP21, une organisation écologique.

Il lui est reproché d'avoir brandi le portrait d'Emmanuel Macron à proximité de l'Élysée. Douze autres activistes sont arrêtés et placés en garde à vue dans les commissariats des 5e et 13e arrondissements pour « vol en réunion ou recel de vol de portrait ». C'est complètement ridicule... Cette affaire est d'ailleurs classée sans suite. N'est-ce pas la preuve que l'arrestation était arbitraire ?

Ayant été informé de ces arrestations, RT France me sollicite de nouveau pour une interview, ainsi que celle de Priscillia Ludosky et d'autres personnes, à proximité du Palais de justice. Le journaliste fait alors le choix de réaliser les interviews sur place, face à l'entrée de la préfecture de police, l'endroit étant plus calme. Une fois mon interview terminée, il n'a pas le temps de commencer les autres, car nous sommes subitement encerclés par une dizaine de forces de l'ordre sous l'égide d'un commandant de police qui nous amende pour... manifestation interdite.

Une avocate est également verbalisée par la BRAV, la brigade motorisée de la préfecture, devant le Tribunal de grande instance de Paris pour non-respect de l'interdiction de rassemblement de plus de dix personnes en raison de l'état d'urgence sanitaire lié à l'épidémie de coronavirus, la police prétextant que toutes ces personnes rassemblées attendent le Gilet jaune Stéphane Espic, qui doit comparaître devant la justice[27].

6. Le préfet qui n'aimait pas les malades du Covid-19

Puis arrive la malheureuse pandémie de coronavirus. Le préfet en profite pour s'illustrer quelques jours plus tard, en montrant encore un visage magnifique et magnanime le 3 avril, en lâchant avec conviction cette phrase en direct sur BFMTV :

> Pas besoin d'être sanctionné pour comprendre que ceux qui sont aujourd'hui hospitalisés, qu'on trouve dans les réanimations, sont ceux qui au début du confinement ne l'ont pas respecté. Il y a une corrélation très simple.

Ne serait-ce pas plutôt ceux qui sont allés voter au premier tour des municipales ou au théâtre, comme en donnaient l'exemple Emmanuel Macron et son épouse quelques jours avant le confinement ? Face à la mise en place du durcissement des sanctions contre les personnes qui ne se plieraient pas aux règles du confinement, notre sympathique préfet reste fidèle à son esprit, en mettant en avant ses méthodes empreintes de pédagogie pour faire respecter les restrictions :

---

27. https://francais.rt.com/france/75337-verbalisation-d-avocate-devant-tribunal-paris-tolle

Vous me connaissez, je vais les faire comprendre assez vite si jamais les explications pourtant parfaitement claires du gouvernement n'étaient pas arrivées aux oreilles de tous.[28]

À la suite d'un appel téléphonique du ministre de l'Intérieur, le préfet est contraint de présenter ses excuses, car le personnel soignant, notamment, n'a pas manqué d'être choqué par de tels propos[29].

7. Le préfet qui était irresponsable... judiciairement

Le préfet de police peut voir sa responsabilité administrative engagée devant le Tribunal administratif, mais il ne peut évidemment être considéré comme un infracteur par le procureur de la République de Paris, seul décisionnaire pour renvoyer une personne devant un tribunal correctionnel pour être jugée. Or, chacun sait que le procureur de la République est choisi et nommé par l'exécutif[30]. En France, les procureurs de la République ne sont pas indépendants, bien qu'ils aient le statut de magistrat. La Cour européenne des droits de l'homme l'affirme d'ailleurs dans une décision du 23 novembre 2010 : le procureur de la République n'est pas une autorité judiciaire indépendante.

Le préfet de police, à l'instar de tous les préfets de France, est donc intouchable ou quasiment, puisque aucun procureur

28. Ludovic Marin, *Didier Lallement, un préfet très polémique, L'Express*, 03/04/2020.
29. Nicolas Chapuis, *Le préfet de police Didier Lallement contraint de s'excuser après un dérapage sur les malades du covid, Le Monde*, 03/04/2020.
30. Jean-Baptiste Jacquin, *L'Élysée s'immisce dans le choix du futur procureur de Paris, Le Monde*, 25/09/2018.

n'osera le traduire devant un tribunal correctionnel pour être jugé. Il est pourtant le donneur d'ordre. Au moment de l'écriture de ce livre, aucune plainte contre le préfet Lallement n'a d'ailleurs abouti.

Aux termes d'une procédure complexe, il est toujours ensuite possible de recourir à un juge d'instruction, censé être indépendant, mais l'instruction durera plusieurs années... Et un juge d'instruction osera t-il enquêter de manière impartiale sur le préfet de police, même s'il a commis des infractions pénales ?

2e PARTIE

LE MÉPRIS DE LA LIBERTÉ DE MANIFESTER

I. La liberté de manifester, tu entraveras

1. Violation de l'article L431-1 du Code pénal

« Le fait d'entraver, d'une manière concertée et à l'aide de menaces, l'exercice de la liberté d'expression, du travail, d'association, de réunion ou de manifestation est puni d'un an d'emprisonnement et de 15 000 euros d'amende. »

Il y a une première entrave du préfet de police qui, régulièrement dans le cadre du mouvement des Gilets jaunes, n'accepte pas les parcours et les déclarations des organisateurs des manifestations, quitte à modifier les règles en fonction de ce qui l'arrange et à la dernière minute, ou presque. C'est le cas de ce 16 novembre, ainsi que nous l'avons signalé dans la partie précédente, où le parcours que nous avons proposé devait relier le parvis de la gare Saint-Lazare à l'esplanade des Invalides. À la place, la préfecture nous impose le choix étrange, parce que manifestement dangereux, comme dénoncé d'ailleurs par le maire du 13e arrondissement, de la place d'Italie.

Or, une manifestation n'a pas besoin, en principe, d'être autorisée pour être légale, mais le droit français impose une telle déclaration aux organisateurs[31]. Non déclarée, une manifestation

---

31. La déclaration doit être faite en mairie ou à la préfecture de police de Paris, pour la capitale, dans un délai compris entre quinze jours et quarante-

devient illégale : le Code de la sécurité intérieure punit ainsi de six mois d'emprisonnement et de 7 500 euros d'amende le fait d'organiser une manifestation sans la déclarer ou en la déclarant de manière volontairement erronée ou trompeuse, ainsi que le fait de maintenir une manifestation après son interdiction[32]. La déclaration préalable est devenue, de cette manière, un mécanisme d'autorisation.

Dans le cadre du mouvement des Gilets jaunes, la préfecture de police de Paris prend donc la fâcheuse habitude de convoquer les organisateurs *afin de modifier* le parcours sollicité sous couvert d'une négociation qui s'avère, dans les faits, complètement factice. Le préfet de police interdit systématiquement les trajets déclarés dans le centre de Paris et de la rive gauche, pour des considérations d'ordre public, notion complètement subjective, dont l'appréciation ressort discrétionnairement de... lui-même.

Il s'agit là de graves atteintes à la liberté de manifester. Les organisateurs devraient être libres de choisir les trajets des manifestations. Cela ressemble fort à la volonté du préfet de police de ne pas rendre visibles ces manifestations dans les « beaux quartiers » de Paris. Si les organisateurs refusent de se plier aux « desiderata » du préfet, ils sont menacés avec « l'arme fatale » : un arrêté d'interdiction de la manifestation.

Une manifestation doit pourtant être présumée légale si elle ne constitue pas une menace à l'ordre public. Une interdiction ne peut venir qu'en dernier recours, face à une menace exceptionnelle, après évaluation d'autres formes de restrictions permettant de garantir l'ordre public et l'exercice du droit de manifester.

---

huit heures avant la manifestation. Les organisateurs doivent communiquer leur nom et adresse, ainsi que l'objectif, la date, le lieu et le parcours de la manifestation. Cette déclaration oblige les autorités à délivrer un récépissé.
32. Article L211-12 du Code de sécurité intérieure.

2. Violation de la liberté de manifester garantie par les conventions européennes et internationales, et la Déclaration des droits de l'homme et du citoyen

Le droit de manifester est pourtant garanti par la Déclaration universelle des droits de l'homme dans son article 20 :

> Toute personne a droit à la liberté de réunion et d'association pacifiques.

L'article 9 de la Convention européenne des droits de l'Homme indique également :

> La liberté de manifester sa religion ou ses convictions ne peut faire l'objet d'autres restrictions que celles qui, prévues par la loi, constituent des mesures nécessaires, dans une société démocratique, à la sécurité publique, à la protection de l'ordre, de la santé ou de la morale publiques, ou à la protection des droits et libertés d'autrui.

L'article 10 de la Charte des droits de l'Union européenne du 30 mars 2010 énonce que

> toute personne a droit à la liberté de pensée, de conscience et de religion [et que] ce droit implique (...) la liberté de manifester (...) sa conviction individuellement ou collectivement, en public ou en privé.

De nombreuses décisions de la Cour européenne des droits de l'homme viennent conforter ces droits fondamentaux. En voici quelques exemples, avec leurs conséquences :

- les États doivent protéger le droit de manifester dans les lieux publics et prendre les mesures nécessaires afin d'assurer la jouissance effective de ce droit (CEDH, Chrétiens contre le racisme et le fascisme, décision précitée, p. 162 ; CEDH, Djavit An c. Turquie, 9 juillet 2003, n° 20652/92, § 56-57) ;

– l'État est même le garant ultime du principe du pluralisme, ce qui conduit à reconnaître à sa charge des obligations positives inhérentes au respect effectif de cette liberté (CEDH, Informationsverein Lentia et autres c. Autriche, 24 novembre 1993, § 38 ; CEDH, Wilson, National Union of Journalists et autres c. Royaume-Uni, n° 30668/96, 30671/96 et 30678/96, § 41 ; CEDH, Ouranio Toxo et autres c. Grèce, n° 74989/01, § 37, CEDH 2005-X) ;

– ces obligations revêtent une importance toute particulière pour les personnes dont les opinions sont impopulaires ou qui appartiennent à des minorités, y compris politiques, du fait qu'elles sont plus exposées aux brimades (CEDH, ączkowski et autres c. Pologne, 3 mai 2007, n° 1543/06, § 64) ;

– si la manifestation est irrégulière, il est aussi important que les pouvoirs publics fassent preuve d'une certaine tolérance pour les rassemblements pacifiques, afin que la liberté de réunion telle qu'elle est garantie par l'article 11 de la Convention ne soit pas dépourvue de tout contenu (CEDH, Oya Ataman c. Turquie, 5 décembre 2006, n° 74552/01, § 42 ; CEDH, Bukta et alter c. Hongrie, 17 juillet 2007, n° 25691/04, § 37) ;

– faute de préavis, une manifestation est irrégulière, mais une situation irrégulière ne justifie pas en soi une atteinte à la liberté de réunion au sens de l'article 11, s'il y avait bien un but revendicatif (CEDH, Cisse c. France, 9 avril 2002 n° 51346/99, § 50).

Ainsi, le droit international et européen rappelle de manière constante que le droit de manifester ne devrait être soumis à aucune autorisation préalable, sinon cela revient à limiter l'exercice de cette liberté. La question, d'ailleurs, se pose de nouveau dans l'exemple des plus de 20 000 personnes qui se sont rassemblées devant le Tribunal de Paris dans le 17e arrondissement à l'appel de la famille d'Adama Traoré, décédé après son interpellation par des gendarmes dans le Val d'Oise en 2016. Le préfet Lallement interdit ce rassemblement le jour-même, à 13 h 40 ! La méthode est devenue la règle : il veut empêcher que l'arrêté d'interdiction soit contesté en référé devant le Tribunal administratif. Les manifestants passent outre l'interdiction préfectorale et l'événement donne lieu à de nombreux heurts, incendies et violences aux alentours du Tribunal. Le maire du 17e, Geoffrey Boulard, ne manque pas d'invectiver le préfet :

> C'est incompréhensible qu'on ait interdit, hier, la manifestation, qu'elle se soit déroulée sous les fenêtres du tribunal. L'écœurement domine. La préfecture de police a une grande responsabilité. La gestion du maintien de l'ordre est en cause, je vais demander la responsabilité du préfet de police, je vais demander qu'il s'explique, parce que j'avais prévenu. J'avais demandé à être associé au dispositif. À l'évidence, le dispositif policier était inadapté et il y avait assez peu de policiers, notamment autour du périmètre.[33]

---

33. ActuParis, *Manifestation Justice pour Adama et heurts : le préfet de police Didier Lallement pointé du doigt*, 3 juin 2020.

(…) Le deuxième point posant problème est le « nassage »
des manifestants, le fait qu'ils soient bloqués par les forces
de l'ordre aux extrémités du point de rassemblement. Cette
stratégie, devenue la norme dans la gestion du maintien de
l'ordre, mène les esprits à s'échauffer et les violences à
éclater. Appliquée mardi soir, elle est aussi sensée limiter
la zone d'impact des heurts.
« Tout était pacifique jusqu'au nassage de la préfecture de
police », a dénoncé l'avocat Arié Alimi.

Enfin, selon l'article 11 de la Déclaration des droits de l'homme
et du citoyen de 1789 :

La libre communication des pensées et des opinions est un
des droits les plus précieux de l'homme : tout citoyen peut
donc parler, écrire, imprimer librement, sauf à répondre à
l'abus de cette liberté dans les cas déterminés par la Loi.

Manifestement, le préfet Lallement ne se soucie pas de
respecter des textes aussi fondamentaux et qui s'imposent
pourtant à la France.

II. La liberté de circuler, tu entraveras

Rappelons un principe : le corollaire de la liberté de manifester est celui d'être libre de ne plus manifester.

Cette règle paraît évidente pour tous, mais elle ne l'est pas pour le préfet de police, puisqu'il fait nasser pendant des heures des manifestant(e)s pacifiques, entravant ainsi leur liberté de ne plus manifester et de partir, donc de circuler. Pourtant, le Code pénal sanctionne *les atteintes à la liberté par séquestration arbitraire effectuée par l'autorité publique* (article 432-4).

Ce texte mérite d'être exposé en totalité, tant il n'a jamais reçu d'application, en dépit de plus de cent plaintes pénales déposées contre X et l'ancien préfet de police de Paris, Michel Delpuech, dans le cadre du mouvement des Gilets jaunes :[34]

> Le fait, par une personne dépositaire de l'autorité publique ou chargée d'une mission de service public, agissant dans l'exercice ou à l'occasion de l'exercice de ses fonctions ou de sa mission, d'ordonner ou d'accomplir arbitrairement un acte attentatoire à la liberté individuelle est puni de sept ans d'emprisonnement et de 100 000 euros d'amende.
>
> Lorsque l'acte attentatoire consiste en une détention ou une rétention d'une durée de plus de sept jours, la peine est portée à trente ans de réclusion criminelle et à 450 000 euros d'amende.

---

34. Seul le procureur de la République de Paris, le bras « armé » de l'exécutif, a le pouvoir de décider de l'existence d'une infraction pénale. Dans ces nombreux cas, le procureur n'a pas même procédé à la moindre audition des plaignants.

Accomplir arbitrairement des actes violant la liberté individuelle est donc considéré par le législateur comme d'une extrême gravité, ainsi que le prouvent les peines qui les sanctionnent.

L'article 66 de la Constitution du 4 octobre 1958 dispose également :

Nul ne peut être arbitrairement détenu.

Or, l'autorité préfectorale impose aux manifestants de suivre le parcours « négocié » jusqu'à la fin. Ainsi, et à de nombreuses reprises, les forces de l'ordre empêchent des manifestants de sortir, qu'ils veuillent vaquer à d'autres occupations, se rafraîchir ou aller satisfaire un besoin naturel. La réponse est : « Non, tu ne sortiras pas de la manifestation. »

Comment procède-t-elle ? Les manifestants, durant le parcours, sont nassés, c'est-à-dire encerclés de toutes parts, à droite, à gauche, devant et derrière.

La nasse est une forme de séquestration qui n'est pas discriminante dans le cadre du mouvement des Gilets jaunes : malades, invalides, personnes âgées, blessés subissent le même traitement que les autres... « Tu ne sortiras pas ! » Passants, touristes, et, de manière générale, toute personne, qu'elle soit manifestante ou non, qui passait par hasard ou non, connaîtra cette méthode indigne qu'est la nasse.

La manifestation pour ce premier anniversaire des Gilets jaunes ne fait pas exception à cette pratique, puisque nous sommes nassés pendant deux à trois heures sur la place d'Italie, soit environ jusqu'à 16 h 00, alors même que le préfet de police déclare le contraire, en affirmant lors de sa conférence de presse que l'avenue d'Italie est un corridor de sortie pour les manifestants[35].

– Jérôme Rodrigues :

(…) On est empêché de sortir de cet enfer. On nous empêche de sortir de la place d'Italie pour pouvoir nous mettre en sécurité (…).

– Nathalie :

Pour l'instant, je ne travaille plus, je suis dévouée au mouvement, ça me prend beaucoup de temps. J'étais bien place d'Italie samedi dernier, où j'ai pu voir une violence sans précédent. Et, pour moi, ce qu'on appelle un guet-apens, parce qu'après une opération pacifiste à Bercy (le matin), je suis remontée place d'Italie rejoindre les manifestants. J'ai pu passer trois cordons sans être fouillée, ce qui m'a vraiment étonnée.

Arrivée place d'Italie, j'ai voulu redescendre prendre un café et là on m'a dit : « Non, vous ne pouvez pas ressortir ! » Bon. J'ai trouvé cela assez étonnant. Il était presque 13 h 00. Ensuite, arrivée là, on se rejoint avec les groupes

---

35. « (…) À 14 h 00, alors que de nombreux manifestants souhaitant participer à la manifestation étaient désormais sur place, la préfecture de police a annoncé l'annulation de l'autorisation, promettant de mettre un terme aux agissements des casseurs. « Ces individus seront progressivement interpellés. J'invite ceux qui se trouvent place d'Italie et qui sont de bonne foi à en sortir le plus vite possible », a déclaré notamment Didier Lallement en conférence de presse, désignant l'avenue d'Italie comme corridor de sortie. » De nombreuses personnes présentes relatent cependant avoir eu des difficultés à sortir. L'historienne Mathilde Larrère raconte avoir été obligée de se réfugier dans une boulangerie pendant deux heures alors qu'à l'extérieur charges, lacrymos et effusions de violence s'enchaînaient », https://www.huffingtonpost.fr/ du 17 novembre 2019, 18 h 29.

et il a commencé à y avoir beaucoup de gaz. Je me suis dit : « Tiens, c'est peut-être pour nous disperser ? » On a essayé de sortir de tous les côtés, impossible. Sans explication crédible. On n'a pas bien compris et ça a été 3 h 00 de bras de fer pour essayer de sortir. Des gaz, des grenades assourdissantes, des canons à eau.

J'ai su que Faouzi avait fait ce qu'il pouvait avec sa déclaration et que ça n'avait pas marché de l'autre côté non plus. Du coup, j'ai vu des dames qui n'étaient même pas manifestantes. Il y avait une dame de soixante-seize ans, qui était avec sa fille. On les a retrouvées en train d'hurler : « Arrêtez, arrêtez, nous ne sommes pas des manifestants, nous voulons juste sortir ! » Je les ai emmenées devant le cordon des CRS. Ils leur ont juste donné des sérums physiologiques et ont refusé de les laisser sortir. Au bout d'un moment, voyant quand même que la dame se sentait très mal, ils nous ont orientées vers les pompiers et nous avons réussi à les faire sortir. Mais nous avons dû mettre vingt bonnes minutes, en essayant d'éviter les gaz (…).

Ce qui m'a choquée, ce sont les CRS, parce qu'on était devant, il y avait une pluie de projectiles, forcément. Ils ont sorti le flash-ball ; « Poussez-vous, je vais tirer. » « Oui, donc attendez qu'on se pousse » et là j'ai posé une question à ce monsieur (CRS) : « Mais vous n'êtes pas censé avoir une petite caméra au-dessus du flashball ? » Il ne m'a pas répondu. Il n'avait pas de caméra. De là, nous ne sommes pas restées devant, vous vous doutez bien (…).

Le ministre de l'Intérieur avait pourtant annoncé au mois de janvier 2019 que les forces de l'ordre seraient équipées de caméras-piéton[36]. Cette annonce n'a pas été suivie d'effet. Pourquoi ?

(…) Après, nous sommes allées voir la gendarmerie, pour voir s'il y avait moyen de sortir, car, au bout de 3 h 00, nous étions très fatiguées. Les gaz commençaient à nous rendre malades. Je les ai trouvés très forts (…) Nous avions de plus en plus de difficultés à respirer, ça nous étourdit vraiment, à la limite du malaise (...). Pendant 1 h 30, je savais qu'il y avait des amis à moi sur place… je ne les ai même pas retrouvés. Étant donné que nous étions nassés, qu'ils (CRS) avaient pris toutes les rues, on était pris au milieu d'une souricière, on ne pouvait rien faire (…).
Une autre situation m'a interpellée. Nous étions en train de sortir de la nasse, et devant moi, il y avait des femmes assez âgées. À ce moment-là, les CRS sont arrivés derrière nous. En fait, il y avait deux cordons. Les CRS font un sas de sortie. Et tant que les premiers ne sont pas sortis, ils ne libèrent pas les autres. Pour les CRS, ces femmes ne marchaient pas assez vite, alors ils les ont poussées d'une telle violence qu'une d'entre elles a atterri sur une table de bar qui, heureusement, a amorti sa chute. Elle a été blessée, mais cela ne les a pas du tout arrêtés. C'était comme s'ils jetaient un vieux sac poubelle qui était sur le passage. Ce genre de scènes nous mettent dans un état dans lequel on ne se contrôle plus et on va au conflit avec eux, car c'est de la provocation pure et simple.

---

36. Reuters, *Les policiers utilisant des flash-ball seront équipés de caméra dès samedi*, *Le Midi Libre*, 22/01/2019.

Moi qui suis mère, jamais je n'aurais cru vivre cela, et me dire : « Je vais me mettre devant un CRS et servir de bouclier ! »

Nathalie poursuit ainsi son témoignage :

Il y a une scène qui m'a fait pleurer. À un moment, il y avait une dame accrochée à un poteau, désespérée par les gaz. Elle a crié : « Arrêtez, arrêtez… moi, j'ai juste faim ! » C'est vrai que cette scène-là, j'en ai encore des frissons, elle m'a bouleversée.

Là, on s'arrête, on prend un moment d'observation, on regarde ce qu'il se passe et on se dit : « Waou ! » En fait, ce sont des scènes de guerre. On a l'impression de vivre des scènes de guerre, mais nous, nous n'avons que notre gilet. On a ces hommes en armure qui eux ont des tonfas, des matraques télescopiques, des LBD, des grenades, des GLF4… Nous, on se dit qu'on n'a rien, et on est face à une telle violence de leur part… COMMENT RÉSISTER ? En fait, ce n'est pas possible ! Jamais, je n'aurais cru à mon âge vivre de telles scènes d'horreur, et pour moi, c'est inexplicable de la part du gouvernement, ce n'est pas normal (…). Ça devient très très grave, au-delà des violences. Il y a aussi des attouchements sur nous les femmes dans les manifestations. On subit du harcèlement. Une fois, on passe devant eux, ils rigolent : « Avancez, sales putes… Avancez, bande de connasses… » On nous traite comme des chiennes… ils vident nos sacs par terre… disent : « Ramasse ça, sale chienne ! » Je n'ai jamais vu ça de ma vie ! Au bout d'un moment, on est obligé de répondre, car on ne peut pas se laisser parler comme ça, ce n'est pas possible. Malheureusement, ça finit toujours mal : j'ai une amie, elle marchait, elle a reçu un coup dans la cheville, c'était pour essayer de la casser ou de la déboîter. Pareil, elle ne portera pas plainte. Car à chaque fois qu'on porte plainte, ça n'aboutit pas.

On nous plaque au mur, alors maintenant j'hurle que ce soit filmé, alors il ne me touche pas. J'ai maintenant ce réflexe-là, de dire « Filmez, filmez ! ». On a vécu des scènes, nous les femmes, de violence, d'attouchement et de harcèlement…

Ces faits sont extrêmement graves s'ils sont avérés. Les forces de l'ordre ayant agi ainsi se sont rendu coupables d'agression sexuelle et sont susceptibles de poursuites pénales :

Selon l'article 222-22 du code pénal, constitue une agression sexuelle toute atteinte sexuelle commise avec violence, contrainte, menace ou surprise.

– Nathanaël :

Je viens de Lille (…) on s'est rendu compte qu'il n'y avait plus moyen de sortir de la place d'Italie. On a vu des gens qui étouffaient dans les gaz. C'était assez conséquent. Alors que l'étau se resserrait, les forces de l'ordre avançaient pour enfermer de plus en plus la place de l'Italie. On a eu à faire à des Parisiens qui habitaient autour de la place d'Italie, ils ont eu la gentillesse de nous ouvrir la porte vitrée d'un hall d'immeuble. On s'est précipité dans ce hall d'immeuble et on a réussi à trouver le cheminement par des souterrains pour pouvoir ressortir par derrière la place d'Italie. Et là, on se retrouvait à l'air libre, libéré des gaz. Nous avons alors été un certain nombre à faire des allers-retours dans les souterrains pour montrer aux citoyens coincés place d'Italie par où ils pouvaient s'échapper. À un moment, les forces de l'ordre se sont rapprochées. Il y a un policier qui a envoyé une grenade à l'intérieur du hall d'immeuble. Du coup, les habitants ont fermé tout de suite la porte et plus personne ne pouvait s'échapper par là. Comme les policiers s'étaient un peu éloignés, il y a eu d'autres tentatives. Et à nouveau, des citoyens ont pu s'échapper. Mais très vite, le cordon de CRS a compris qu'il y avait une échappatoire à ce niveau-là et donc ils ont avancé et ont recommencé à former un cordon de CRS ou de gendarmes mobiles, je ne me souviens plus trop. Nous étions très contents parce que nous avons réussi à faire échapper 200 à 250 personnes, qui étaient très heureuses. Et les gens qui habitaient autour de cette place étaient très fiers d'avoir pu aider des citoyens et de les secourir.

– Noam Anouar, policier et délégué syndical du syndicat VIGI Police :
(…) Le problème, c'est qu'il y avait des cordons de CRS qui empêchaient l'entrée sur la place d'Italie et également les personnes de sortir (…). Il y avait un climat de tension extrême, c'est-à-dire qu'à l'intérieur de la nasse étaient lancés plusieurs grenades assourdissantes, des grenades de désencerclement, des palets MP7 lacrymogènes, des grenades GLF4 (…) les gens étaient coincés à l'intérieur et

confrontés à la répression (…). Je suis resté sur place. Une femme, Elsa, m'a reconnu, elle était blessée (…).

Les forces de l'ordre ont pris la fâcheuse habitude d'ordonner la dispersion des manifestants avant l'heure de fin mentionnée dans les déclarations faites par les organisateurs des manifestations Gilets jaunes, considérant alors en toute illégalité que les manifestations revêtaient la forme d'attroupements. Et cela sans sommations, en violation de l'article L211-9 du Code de sécurité intérieure :

> Un attroupement, au sens de l'article 431-3 du code pénal, peut être dissipé par la force publique après deux sommations de se disperser demeurées sans effet, adressées, lorsqu'ils sont porteurs des insignes de leur fonction, par :
> 1° Le représentant de l'État dans le département ou, à Paris, le préfet de police ;
> 2° Sauf à Paris, le maire ou l'un de ses adjoints ;
> 3° Tout officier de police judiciaire responsable de la sécurité publique, ou tout autre officier de police judiciaire.
> Il est procédé à ces sommations suivant des modalités propres à informer les personnes participant à l'attroupement de l'obligation de se disperser sans délai.
> Toutefois, les représentants de la force publique appelés en vue de dissiper un attroupement peuvent faire directement usage de la force si des violences ou voies de fait sont exercées contre eux ou s'ils ne peuvent défendre autrement le terrain qu'ils occupent.

Or, force a été de constater que ces dispositions n'étaient pas du tout respectées par les forces de l'ordre, aucune sommation n'était faite, celles-ci chargeaient et gazaient les manifestants pour les disperser, sans autre forme de procès.

3e PARTIE

L'USAGE DE LA VIOLENCE

I. Des violences, tu commettras

1. Violation des articles 222-9 à 222-13 du Code pénal

Le Code pénal sanctionne les violences par agents dépositaires de l'autorité publique.

Il y a les violences criminelles qui entraînent une mutilation ou une infirmité permanente. Elles sont punies de dix ans d'emprisonnement et de 150 000 euros d'amende (art. 222-10).

Circonstance aggravante : la violence est punie de quinze ans de réclusion criminelle lorsqu'elle est commise notamment par une personne dépositaire de l'autorité publique ou chargée d'une mission de service public dans l'exercice ou à l'occasion de l'exercice de ses fonctions ou de sa mission ou par plusieurs personnes agissant en qualité d'auteur ou de complice.

Les violences délictuelles, plus fréquentes lors des manifestations Gilets jaunes, sont punies de trois ans d'emprisonnement et de 45 000 euros d'amende lorsqu'elles ont entraîné une incapacité totale de travail pendant plus de huit jours.

Ces peines sont aggravées lorsqu'elles sont commises par une autorité publique, en réunion, avec guet-apens, avec usage ou menace d'une arme.

– Jamel Bouabane :

À 10 h 30, il y a eu un blessé, une personne a pris un projectile sur la tête. Pendant qu'on le transportait à l'hôpital, il a reçu une grenade alors qu'il était sur la civière. Ils l'ont amené à l'hôpital le plus proche, à l'hôpital de la Salpêtrière, avec les streets medics.

– Jérémy Clément :

(…) Déjà à 11 h 00, il y a un blessé acheminé vers un McDo, qui a gentiment accepté de le faire entrer, pour accueillir ce blessé plutôt grave. Je me suis réfugié pendant deux heures dans une brasserie et les deux fois où je suis sorti, j'ai vu une femme tombée à terre juste à mes côtés et un homme, pareil. Il y avait une mare de sang. C'était un vrai champ de bataille. Il fallait le voir pour le croire. Je pense que tout était décidé d'avance. On sait que les commerces sur le parcours n'étaient pas forcément fermés (…).

Un journaliste a eu le nez fracturé par un tir de grenade lacrymogène, en toute illégalité, car cette manière de procéder est contraire à la doctrine de maintien de l'ordre, comme le souligne justement Alexandre Langlois, le secrétaire général du syndicat VIGI Police :

C'est parfaitement illégal, c'est dans nos doctrines d'emploi, ils n'ont pas le droit. On peut utiliser également ces armes pour disperser un attroupement violent ou quand il y a des risques pour la vie ou des risques de blessures pour des personnes. Donc, le groupe qui a pris le tir, si on parle bien de la même vidéo, était au calme.

Il n'avait aucune raison de se prendre un tir à ce moment-là.[37]

Manu, manifestant de quarante-et-un ans qui participait à la manifestation place d'Italie, a perdu l'usage de son œil gauche sur lequel il a reçu un projectile tiré par les forces de l'ordre[38].

– Manu :

Quand nous sommes arrivés, il y avait déjà du bordel partout. Après, toutes les rues ont été bouclées, nous ne pouvions pas sortir. Nous avons essayé de nous sauver comme nous pouvions, avec ma femme. J'étais loin, tous les black blocs étaient à gauche ; nous, nous étions à droite avec les pacifiques. La police chargeait, mais nous étions loin. J'ai levé la tête, j'ai vu le truc arrivé directement. Ça partait bien de là où se trouvait la police. J'en suis certain. Nous discutions tranquillement, nous disions que c'était une manif de fou, c'était une guerre pratiquement (...). Nous ne pouvions pas sortir, tout était bloqué (...) C'est une lacrymogène qui a tapé mon œil et explosé derrière moi (...) Je ne sais pas si on m'a visé, mais la foule a été visée, alors qu'il n'y avait pas de danger. Ce n'est pas ma

---

37. Jean-Baptiste Mendès. *Le Préfet de police a « transformé par un tour de passe-passe bureaucratique des manifestants en délinquants »*, Sputnik France, 18 novembre 2019.

38. Sous pression, le parquet de Paris est obligé d'ouvrir une enquête pour « violences par personne dépositaire de l'autorité publique avec armes ayant entraîné une interruption temporaire de travail de plus de huit jours ». Pour contourner cette procédure, l'avocat de Manuel C. a déposé une plainte auprès du doyen des juges d'instruction pour réclamer une requalification criminelle en « violences aggravées ayant entraîné une mutilation permanente » contre X et le préfet de police de Paris pour complicité.

première manifestation, je vois quand il y a du danger. Nous étions loin du danger, je ne voulais pas prendre de risque avec ma femme. On nous a foutus dans un guet-apens (…) nous n'avions même pas d'issue de secours, nous ne pouvions même pas sortir, de toute façon.[39]

– Jamel Bouabane :
C'était vraiment la guerre, ce qui s'est passé ce jour-là. Les forces de l'ordre tapaient de tous les côtés. Il y avait des forces de l'ordre déguisées en black blocs à côté des CRS avec des pavés à la main. Il y a eu des *livers*[40] qui filmaient et qui disaient : « Regardez les flics déguisés en black blocs, ils ont des pavés dans les mains ». À ce moment-là, j'ai vu qu'ils se débarrassaient des pavés (…).

Si tel était le cas, les policiers pourraient notamment être poursuivis pénalement pour violences volontaires.

Le bilan provisoire des prises en charge de la manifestation du 16 novembre 2019 établi par la coordination de premier secours est le suivant : plus de cent quarante personnes prises en charge, dont vingt-neuf traumatismes à la tête, une personne mutilée à l'œil et un journaliste blessé au visage.

Il faut aussi tenir compte des évacuations de blessés effectuées par les pompiers, dont treize évacués immédiatement vers les urgences. Le bilan comptabilise également au moins 3 644

---

39. Interview de Manuel à BFMTV, 22 novembre 2019.
40. Le terme « livers » est utilisé ici pour désigner des « citoyens journalistes » diffusant en direct les images de l'action sur leurs réseaux sociaux, principalement sur Facebook.

personnes décontaminées des gaz lacrymogènes par les street médics[41].

Les secouristes durent ainsi intervenir à 239 reprises en l'espace de quelques heures !

– Giovanni :

Je suis secouriste depuis un an auprès des Gilets jaunes, j'ai 29 ans, je m'appelle Giovanni. Ce qui s'est passé à Paris le 16 novembre place d'Italie est qu'il y a eu 239 victimes. On a sollicité en urgence un restaurant pour qu'on puisse mettre toutes les victimes. Nous en avons secouru 239, dont particulièrement Manu, qui est valenciennois, que nous avons pris en charge. Il a reçu une capsule de grenade lacrymogène sur l'œil (droit) tirée à bout portant. Les gens ont crié « Street medic, street medic », nous sommes intervenus avec le groupe du Street Medic 51. Lors de notre intervention, la première chose a été de faire de l'assistance respiratoire à cause de l'abondance de gaz, avant de s'occuper de l'œil qu'il a perdu. Nous avons eu une autre personne, un homme qui a reçu un flashball au niveau du mollet. Nous l'avons soigné et au moment où il repartait, des personnes de la BAC se sont jetées sur lui et ont commencé à lui taper dessus. Pourquoi s'en prendre aux personnes que nous soignons ? Je ne comprends pas. Les gens montrent leur mécontentement, le pouvoir d'achat, la retraite... sont au centre de leurs préoccupations.

____

41. Le terme « Street médic » est utilisé de manière générique par les manifestants pour désigner des bénévoles secouristes de rue qui marchent au côté des manifestants. Avec ou sans formation médicale, ces bénévoles portent soin et assistance, tandis que les ambulanciers sont absents ou restent en marge des cortèges.

Je suis secouriste depuis quinze ans, et c'était la première fois que nous nous occupions d'autant de victimes, sur un laps de temps si court et une zone si resserrée. Toutes les deux minutes, il y avait des tirs, c'était incompréhensible (...). Il y a là une forme d'impunité à l'encontre des donneurs d'ordre de la chaîne du commandement qui révolte. La justice ne passe pas. La justice n'est pas appliquée.

Pourtant, il est admis que l'usage de la force ne doit répondre qu'à un objectif impérieux de maintien de l'ordre, afin de prévenir ou de faire cesser des violences contre des personnes ou d'empêcher des dommages graves contre les biens.

Ce recours à la force ne peut viser que les individus responsables de ces violences et doit être proportionné à la menace. En aucun cas, la présence de quelques manifestants violents ne peut justifier l'usage de la force contre tous les manifestants de manière indéterminée. C'est pourtant ce qui est pratiqué sur la place d'Italie pendant plus de deux heures : les personnes nassées sont exposées à des tirs de LBD, des grenades de désencerclement GLF4 et des coups de matraque, entre autres. Est-ce encore du maintien de l'ordre ou un guet-apens sciemment organisé contre les Gilets jaunes, ce qui aggraverait encore les sanctions prévues par les articles 222-9 à 222-13 du Code pénal ?

2. Usage disproportionné de la force

Les forces de l'ordre ont fait, sans conteste, un usage disproportionné de la force sur la place d'Italie en ce samedi 16 novembre 2019. Pourtant, il doit être proportionné à l'objectif à atteindre ou à la gravité de la menace et, surtout, ne pas aller au-delà de ce qui est nécessaire, les forces de l'ordre étant dépositaires du monopole de la violence légitime.

Il existe des dispositions claires dans le code de déontologie de la police et de la gendarmerie. Ainsi, selon l'Article R. 434-10 du code :

> – Discernement. Le policier ou le gendarme fait, dans l'exercice de ses fonctions, preuve de discernement. Il tient compte en toutes circonstances de la nature des risques et menaces de chaque situation à laquelle il est confronté et des délais qu'il a pour agir, pour choisir la meilleure réponse légale à lui apporter.

Par ailleurs, l'article R.434-18 indique :

> – Emploi de la force. Le policier ou le gendarme emploie la force dans le cadre fixé par la loi, seulement lorsque c'est nécessaire, et de façon proportionnée au but à atteindre ou à la gravité de la menace, selon le cas. Il ne fait usage des armes qu'en cas d'absolue nécessité et dans le cadre des dispositions législatives applicables à son propre statut.

En conséquence, les forces de l'ordre peuvent encourir des sanctions administratives, voire pénales, si elles n'ont pas agi de manière proportionnée dans l'exercice de leur fonction.

3. Réitération des infractions pénales

Il y eut de nombreux blessés place d'Italie, notamment Franck O., déjà blessé à l'œil lors d'une manifestation précédente, dite « Acte III des Gilets jaunes », qui reçut un pavé ce jour-là.

– Franck O., 45 ans

(…) J'ai été blessé à 15 h 00. J'ai pris un pavé côté gauche sur l'arcade. En fait, nous étions tranquilles, en train de parler. Ce qu'il faut savoir, c'est que j'ai déjà été blessé le 1er décembre. J'ai pris un LBD à la tête, au pied de l'Arc de triomphe. Là, j'étais avec David, un autre blessé qui est éborgné, et une amie. David, c'était sa première manif (depuis son accident le 16 mars 2019, acte XVIII). Du coup, il n'était pas bien ; nous avons voulu sortir. Nous nous sommes fait refouler, parce que l'avenue que nous avons prise était bloquée par des gendarmes. Nous voulions sortir, ils nous ont dit non. Du coup, nous nous sommes mis dix mètres en arrière. J'ai vu qu'on parlait de moi. Deux gendarmes qui parlaient de moi, dont un grand. J'ai dit à David que c'était assez bizarre, « ils parlent de moi ». On s'est reculé à dix mètres, à un angle d'un restaurant, le café France. (…) je me suis retrouvé tout seul. À ce moment-là, il n'y avait pas de combat entre la police et les black blocs. Il n'y avait pas de lancer de pavé… et moi, je me suis pris un pavé. On ne sait pas d'où il est venu. Je suis certain que j'ai été visé ; maintenant, je ne sais pas par qui. Je n'incrimine personne. Donc deuxième blessure grave. Je suis content, parce que la pression que l'État a voulu mettre pour faire peur aux gens, moi, cette deuxième blessure m'a rendu encore plus fort. Ce qui ne me tue pas me rend plus fort.

Ce que je veux faire comprendre aux gens, c'est qu'il ne faut pas avoir peur, justement. C'est ce qu'ils cherchent à faire. Prenez exemple sur moi. Même si ce n'est pas voulu, j'ai été blessé deux fois. J'y suis encore aujourd'hui. Il faut continuer, il faut que tout le monde continue. Il ne faut pas prendre peur, tout simplement (…).

Même à un blessé grave, il n'est laissé aucun répit :

Concernant mon exfiltration, je n'ai pas d'éléments complémentaires à donner. Je me souviens clairement du moment où je reprends mes esprits. Je sais que lorsque je tombe, les streets medics arrivent. Au moment où je prends le pavé, il y a beaucoup de monde autour de moi. Il y avait des reporters. Il y a la vidéo où on me voit tomber. Mais moi, j'ai une perte totale de conscience. On m'a dit que je suis entré dans un café, les streets medics se sont occupés de moi. On a voulu me sortir pour m'exfiltrer d'après ce que me disent les streets medics avec lesquels je suis resté en contact. On s'est refait gazer, on s'est repris des grenades alors que j'étais sur la civière. Ils ont dû me rerentrer dans un autre hall. Là, je n'étais vraiment pas bien. Ils n'arrivaient pas à prendre ma tension tellement j'étais froid, paraît-il. J'étais en train de partir. Je n'entends plus de voix, je n'entendais plus rien. Je tremblais énormément, je saignais beaucoup. Je vois sur les photos que j'ai beaucoup saigné, ce devait être choquant. Il faut rappeler que j'étais avec mon ami qui a été mutilé, il m'a vu tomber. Une autre amie qui nous accompagnait, Mimi, qui s'occupe de plusieurs blessés, elle est là pour tout le monde. Ils ont été très choqués. C'était très dur pour eux de me voir tomber. Au sein des Gilets jaunes, je n'ai aucun rôle, j'ai été très impacté depuis ma première blessure, surtout moralement. Je me suis enfermé presque six mois. Depuis que j'étais blessé, je ne pouvais plus travailler, bien sûr, car j'ai l'œil qui a été impacté, ce qui a engendré un problème de vue. J'étais préparateur de commande chez Safran, donc on faisait des réacteurs et moteurs d'avions pour l'armée française, je ne pouvais plus faire ce travail.

Les conséquences, malheureusement, ne s'arrêtent pas là :

Pour ne pas me mettre encore plus dans les problèmes, j'ai décidé, comme j'arrivais en fin de bail d'un appartement qui aurait dû être renouvelé, j'ai choisi l'option de rendre l'appartement pour ne pas avoir des problèmes d'huissiers en plus, sachant que je n'ai plus de salaire. Depuis le 15 janvier 2019, je suis à la rue, en fait. Je suis à droite à gauche. Beaucoup de Gilets jaunes m'hébergent trois à quatre jours. Après, je dors trois-quatre jours dans ma voiture. Je repars vers quelqu'un d'autre. Je suis vraiment dans un état précaire, mais bon, ça ne m'empêche pas d'être toujours là pour mes enfants, pour tous les enfants, pour nos parents, les retraités, tout ce qui fait que je ne peux pas lâcher.
Je remarque qu'il y a eu une évolution claire des violences de la police. Je ne suis pas retourné tout de suite en manif (…) Il y a de nombreuses vidéos qui circulent, avec des policiers avec des pavés dans les mains. Une vidéo a été diffusée à ce sujet.

Je reviens sur mon premier accident : il faut savoir que je n'ai pas porté plainte. Je l'ai fait tardivement, j'avais peur. Je ne voulais plus entendre parler de rien, ni voir personne. À l'Acte 3, il n'y avait pas encore l'interdiction de se protéger. Moi, j'avais un masque de protection et heureusement, car ça m'a sauvé, même si le tir de LBD 40 m'a grièvement atteint. J'ai longtemps eu peur d'être mal jugé, que le fait d'être en manifestation me soit reproché. Personnellement, je n'ai jamais rien lancé sur les forces de l'ordre. Certes, j'avais des gants et une cagoule, mais je portais un gilet. Je ne fais pas partie des black blocs, comme l'IGPN a voulu me le faire dire. Donc là, je suis passé récemment à l'IGPN, car j'ai porté plainte il n'y a que quatre-cinq mois. J'ai gardé beaucoup de preuves. J'avais des vidéos que je faisais moi-même sur le jour du 1er décembre, que je n'avais pas partagées. J'avais peur qu'elles soient volées, mal jugées. Mais j'ai fini par les sortir et mon dossier maintenant est très solide, je croise les doigts. Je n'ai pas vraiment confiance en l'IGPN. Mais aujourd'hui, pas le choix, je ne peux qu'attendre, faire confiance. Mon avocate, Chloé Chalot, qui est très performante, à fond avec moi, elle est tout le temps derrière moi. Elle me conseille, elle a bon espoir pour mon affaire, car j'ai de bonnes vidéos. Je ne la remercierai jamais assez. J'ai actuellement toujours un suivi médical pour mon premier accident. Je n'ai pas encore été opéré pour mon nez. On me dit que je n'ai plus de contraste dans l'œil. Comme il est un peu décalé vers le haut, je vois double quand je regarde vers le haut. Un an après, je suis toujours dans les soins. Et on doit continuer à travailler pour moi.

Pour réparer mon œil, pour réparer mon nez. À l'Acte 53, c'est l'œil gauche qui est impacté, c'est-à-dire l'autre côté. En espérant que je n'ai rien sur la vue. Je ne veux rien dire parce qu'après, j'ai de la famille, je ne veux pas les inquiéter. Donc ça va, je vais bien. Bizarrement, le moral est revenu. J'avais ce mal-être depuis onze mois qui est parti d'un coup. Je ne sais pas si c'est le deuxième choc qui m'a bien remis.

Si la personne qui a lancé le pavé était identifiée, elle encourrait des sanctions pénales lourdes.

II. La vie d'autrui en danger tu mettras
et tu ne l'assisteras pas

La préfecture de police a exposé les manifestants et les passants à des risques graves. Pour beaucoup trop d'entre eux, ce qui était « risque » est malheureusement devenu réalité.

Cette situation est de nature infractionnelle, car, selon l'article 223-1 du Code pénal :

> Le fait d'exposer directement autrui à un risque immédiat de mort ou de blessures de nature à entraîner une mutilation ou une infirmité permanente par la violation manifestement délibérée d'une obligation particulière de sécurité ou de prudence imposée par la loi ou le règlement est puni d'un an d'emprisonnement et de 15 000 euros d'amende.

Rappelons qu'il est admis que les violences sur la place d'Italie ont commencé dès 10 h 00-10 h 30, qu'il n'y avait pas de dispositif adéquat pour encadrer ce rassemblement, que la préfecture de police a délibérément laissé la place se remplir sans prendre aucune mesure pour contrôler le sac de certains manifestants, alors même que, d'une part, leur comportement démontrait qu'ils n'avaient rien à voir avec les Gilets jaunes, et que, d'autre part, les contrôles préalables et les interpellations préventives avaient été nombreux lors des précédentes manifestations des Gilets jaunes. Ajoutons que la préfecture interdit la manifestation avant qu'elle ne commence, et qu'elle empêche ensuite les manifestants de se disperser, en les nassant pendant plus de deux heures.

Tout particulièrement en ce samedi 16 novembre 2019 place d'Italie, le préfet de police ne s'est-il pas rendu coupable de « la violation manifestement délibérée d'une obligation particulière de sécurité ou de prudence imposée par la loi », qui a provoqué des « blessures de nature à entraîner une mutilation ou une infirmité permanente » ?

Le préfet prend même, préalablement, des décisions qui pourraient/devraient aussi le faire tomber sous le coup de cet article 223-1. En témoigne l'extrait suivant de son Arrêté n° 2019-00890 – Titre II :

> Art. 2 - Sont interdits à Paris du vendredi 15, à partir de 18h00, au dimanche 17 novembre 2019, aux abords et au sein des cortèges, défilés et rassemblements se revendiquant des « gilets jaunes », le port et le transport par des particuliers, sans motif légitime :
> (...)
> – D'équipements de protection destiné à mettre en échec tout ou partie des moyens utilisés par les représentants de la force publique pour le maintien de l'ordre public.

Lorsqu'il y a autant de blessés et de mutilés, il ne s'agit plus, de la part des manifestants, de « mettre en échec » les actions des forces de police, mais simplement de se protéger dans l'exercice de leur droit constitutionnel à manifester. Voici d'ailleurs l'extrait du témoignage de Julien, journaliste-reporter à *Le Média pour tous* :

– Julien M. :

Vers 13-14 h 00, j'étais en train de filmer des affrontements entre black blocs et gendarmes, qui ont mal tourné pour certains, dont moi, car nous avons été touchés par des projectiles des forces de l'ordre, principalement des grenades GDL, des grenades de désencerclement. Une grenade tirée de la part d'un escadron de gendarmerie mobile était dans la direction des journalistes. Elle a explosé à peu près à 5 m de moi, ce qui m'a fait tomber. La vitre de mon masque à gaz a été cassée, mon visage était complètement en sang (…).
J'ai été pris en charge par les streets medics puis les pompiers, qui m'ont annoncé que c'était simplement une fracture du nez (…). Je sentais les forces de l'ordre dans la panique... Dans la panique, ils ont sans doute tiré des grenades n'importe comment. (…) Deux autres journalistes [à mes côtés] ont été atteints, dont Léo, un de nos reporters, touché à la jambe. (…)
Si l'autre journaliste n'avait pas été protégé, il aurait eu le visage déformé. À mon avis, il aurait été atteint bien plus que je ne l'ai été. C'est mon masque à gaz qui m'a protégé le visage, ce qui fait que je n'ai eu qu'une fracture du nez. Je me sens chanceux par rapport à d'autres, comme Manu qui a perdu un œil.

Pour nous qui sommes nassés sur place, les décisions prises par la préfecture ne peuvent que produire de tels drames, qui devraient obligatoirement conduire tous ceux qui en sont responsables à en répondre devant la justice, dont sous le chef de l'article 223-1 du Code pénal, compte tenu des mutilations, expressément prévues dans le texte par le législateur.

Les équipes de l'Observatoire parisien des libertés publiques (OPLP), « collectif indépendant créé à l'initiative de la Ligue des droits de l'Homme (Fédération de Paris) et du Syndicat des avocats de France (section de Paris), [qui] se fixe comme objectifs de documenter les pratiques policières, les procédures, notamment judiciaires, et d'informer de leurs droits les personnes concernées par ces pratiques »[42], sont naturellement présentes place d'Italie en ce 16 novembre 2019.

Le rapport qu'elles établissent ensuite est accablant à l'encontre du préfet :

> Le matin, place d'Italie, les observateur.ices constatent un usage important et souvent inapproprié de gaz lacrymogènes[43], ainsi que la présence de nombreuses unités de police non-spécialisées dans le maintien de l'ordre. Ces dernières, principalement issues des CSI, BAC et BRAV-M, sont organisées en petites unités dispersées sur la Place et dans les rues alentour.
>
> Les manifestant·es ne pouvant se rassembler à un endroit précis, les différentes unités de force de l'ordre font régulièrement l'usage de charges ou de vagues de refoulement, de manière simultanée à différents endroits dans la place. Ces mouvements policiers ont pour effet de

---

42. http://site.ldh-france.org/paris/observatoires-pratiques-policieres-de-ldh/7456-2/strategie-de-nasse-2/

43. Cette note correspond à la note 1 du rapport : « Voir l'analyse juridique de l'Observatoire dans son rapport au Défenseur des droits sur la manifestation du pont de Sully http://site.ldh-france.org/paris/7263-2/ »

semer la confusion parmi les personnes présentes sur la place, ces dernières ne sachant pas où se réfugier.

À compter de 13 h 30, des rumeurs d'« annulation » de la manifestation commencent à circuler. Au même moment, des unités de CRS et de gendarmes mobiles arrivent sur la place. Les équipes d'observation présentes constatent alors un mouvement des forces de l'ordre vers les différentes avenues et rues entourant la place d'Italie. Rapidement, il apparaît que si des individus peuvent pénétrer dans la zone, il est en revanche impossible d'en sortir. À 13 h 48, les observateur.ices constatent qu'une nasse hermétique est mise en place autour de la place d'Italie. À 14 h 23, la préfecture annonce dans un tweet que le « préfet de Police a demandé l'annulation de la manifestation ». Peu après 15 h 00, lors d'une conférence de presse, le Préfet de Police, indique qu'il a « décidé d'interdire que cette manifestation se déroule » mais également de « fixer cette manifestation place d'Italie ».

Sur la place d'Italie, la situation est chaotique. Durant plusieurs heures, l'air est irrespirable, saturé de gaz lacrymogènes. De nombreuses grenades assourdissantes et de désencerclement sont utilisées ainsi que des canons à eau. De nombreuses explosions retentissent, parfois en continu, créant des mouvements de panique parmi la foule. Des manifestant·es et passant·e s, en panique, supplient, à de nombreuses reprises, les forces de l'ordre de les laisser sortir de la place.

La pratique de la nasse, l'utilisation massive des gaz lacrymogènes et les nombreux tirs notamment de grenades de désencerclement et de LBD entraînent un climat anxiogène et de nombreux mouvements de foule dus à la panique.

De très nombreuses personnes sont blessées sur la place. (...)

Les observateur.ice.s constatent de nombreuses personnes ayant perdu connaissance, d'autres couchées sur le trottoir (visiblement affectées par la diffusion du gaz lacrymogène) ainsi que des traces de sang sur la place (...).

Observations et analyses : Une stratégie de tension entre intimidation et escalade de la violence

Dès le matin, la nature de l'encadrement du rassemblement a eu pour effet d'accroître les tensions entre groupes de forces de l'ordre et manifestant·es, retenu·es sur la place d'Italie. Le dispositif policier mis en place a contribué à alimenter une escalade de la violence (i). Plusieurs pratiques policières ont, quant à elles, été génératrices de violence (ii).

<u>Le dispositif policier alimentant l'escalade de la violence</u>

Le dispositif policier s'est caractérisé par 1) une sur-représentation de forces de police non spécialisées dans le maintien de l'ordre, 2) structurées en groupes de petite taille éparpillés dans et aux abords de la place d'Italie et par 3) une absence de dispositifs de dialogue et de communication adaptée avec les manifestant·es. (...).

Le Défenseur des droits, autorité constitutionnelle indépendante, a rappelé que : « Ces pratiques des unités non spécialisées créent une distorsion dans la gestion du maintien de l'ordre en ce qu'elles diffèrent de la doctrine générale et des principes de la police administrative d'accompagnement de la liberté de manifestation »[44].

Face à de tels actes et conséquences, comment le Président, son gouvernement, mais aussi la représentation nationale, peuvent-ils ne pas demander à ce que toute la lumière soit faite sur ces agissements et que soit saisie la justice ? L'article 223-1 du Code pénal ne semble indisposer personne. Rappelons-en les termes :

Le fait d'exposer directement autrui à un risque immédiat de mort ou de blessures de nature à entraîner une mutilation ou une infirmité permanente par la violation manifestement délibérée d'une obligation particulière de sécurité ou de prudence imposée par la loi ou le règlement est puni d'un an d'emprisonnement et de 15 000 euros d'amende.

---

44. Cette note correspond à la note 3 du rapport : « Défenseur des droits, Le maintien de l'ordre au regard des règles de déontologie, déc 2017, p 13. »

Les personnes mutilées et handicapées ne leur suffisent pas ?
Faut-il aussi des morts ?

Conclusion

Besoin d'enquête

Donnons la parole à Faouzi Lellouche, autre co-déclarant de cette manifestation du 16 novembre, afin de mieux comprendre les événements et contribuer à déterminer les responsabilités :

« À la préfecture de Paris avec le major Beuleut, directeur adjoint du préfet Lallement, nous avons essayé d'avoir Bastille, d'avoir la gare de Lyon, puis nous évoquons de remonter vers Montparnasse. On nous dit que ce n'est pas possible… à la limite… place d'Italie. Je ne donne pas ma réponse tout de suite, car ça chipote, ça chipote. (…). Je n'arrive pas à comprendre pourquoi il accepte Trinité s'il n'accepte pas Saint-Lazare ? (…).

On voit que c'est compliqué et conflictuel (…). il me dit de faire attention à quatre reprises, que je risquais de me retrouver devant un juge (…) ce sont des menaces pour nous faire plier (…) si jamais vous avez un arrêté préfectoral et que ce parcours-là, vous ne l'acceptez pas, il n'y aura pas de possibilité d'avoir un autre parcours après l'arrêté.

Le parcours de Saint-Lazare, on ne l'aura pas, mais si je ne négocie pas un plan B et que j'ai un arrêté préfectoral, je ne pourrais plus rien négocier.

(…) je voulais commencer gare de Lyon, car il y a beaucoup de provinciaux qui viennent (…) par cette gare. Ils nous ont d'ailleurs demandé de déclarer la manifestation pour pouvoir venir. [L'adjoint au préfet] évoque Nation et place d'Italie. (…) Il m'impose un peu Italie – deux témoins, Jamel Bouabane et Jérôme Rodrigues, sont venus avec moi.

(...) Il me propose de passer par Italie vers République. (...) Je refuse, car, à chaque fois, nous avons eu énormément de blessés. Et à chaque fois, ce sont des nasses et nous nous faisons piéger [à cet endroit], les manifestations tournent mal à cause de la répression.

On doit contourner République par le Quai de Jemappes, revenir sur Lafayette et sur Trinité. Ce parcours est accepté.

Je préviens : « Pas de nasse ». Il me répond : « Non, s'il n'y a pas de sauvage. »[45] Nous avons ce parcours-là, nous finissons par l'annoncer (...) et les manifestants qui viennent de province (...) ne veulent pas que ça recommence comme le 25 mai ni le 21 septembre 2019 (manifestation de soutien au Climat) à déambuler comme des papillons. (...)

[La déclaration de la manifestation] se fait avec David Libeskind et Priscillia Ludosky [et moi-même], car nous sommes des gens du mouvement, nous n'allons pas tromper les gens, ils le savent, ils nous connaissent.

<u>Sur la place d'Italie, le lendemain</u>

J'arrive à 10 h 00, on m'appelle : il y a toujours un encadrant pour chaque manifestation. (...) Je rencontre le référent de police, qui est le lien au niveau de la préfecture de police. Je préviens : « Ne soyez pas proches, il va y avoir du monde, ne soyez pas tactiles. » Ils me disent : « Non, il n'y a pas de raison. » Je suis surpris quand même, parce qu'il n'y a de policier nulle part. D'habitude, il y a des contrôles partout, là, rien.

Vers 10 h 30, il y a déjà beaucoup de monde. Les manifestants commencent à chanter, à scander les slogans habituels des Gilets Jaunes. Tout le monde est content de se retrouver, c'est

---

45. Le mot « sauvage » ici signifie « manifestation non déclarée ».

bon enfant. Petit à petit, les gens occupent la place. Le camion de nourriture s'installe au milieu. Un camion de la ville arrive et décharge également au milieu de la place. Je ne comprends pas. Il est entre 10 h 30-11 h 00. Je vois que ça commence à crier. Il y en a qui commencent à allumer un petit feu de palettes, il n'y a pas de danger.

Les premiers CRS commencent à arriver. Ils commencent à tirer de la lacrymo, ça insulte, une grenade de désencerclement est lancée. On m'annonce qu'il y a déjà des blessés. Je vais les voir. J'en trouve un qui est réfugié chez McDonald's, crane ouvert, ça pisse le sang. Il est aussi blessé à la cuisse. Il a reçu un palet de lacrymo, ça lui a brulé tout le pantalon et même la civière dans laquelle il était (...).

Je reçois un coup de fil du référent pour me dire qu'il y a un problème à HSBC, mais ce n'est pas à moi d'aller voir. À ce moment, des petites équipes de policiers se déploient, ainsi que des policiers cagoulés en civil, mais tout en noir. Ils avancent en ligne. On pourrait facilement les confondre avec des black blocs. Ce qui les trahit, c'est que le dernier sécurise les premiers avec la main sur l'épaule. Ils avancent en ligne, comme des gens entrainés (…). Ils maîtrisent assez rapidement la situation.

Je reviens au centre de la place. Rien ni personne n'est en danger. Le référent me demande à quelle heure nous pensons partir. Je réponds : « Comme cela a été convenu, à 14 h 00. » L'autorisation étant à 14 h 00, je suis obligé d'attendre pour permettre à tous les provinciaux d'arriver et aux autres actions dans la ville de nous rejoindre. Il me dit que « ce serait bien que vous y alliez... » Que nous partions avant ? Nous nous sommes fait avoir sur un autre parcours où l'on m'a reproché d'être parti avant. Je ne veux pas me faire piéger. Nous sommes prudents, nous ne sommes pas des novices. (...) Je ne leur fais pas confiance, je me suis déjà fait avoir plusieurs fois sur des arrivées de parcours où ils avaient promis des choses oralement, où ça a été ensuite l'opposé (...).

Je reçois un coup de téléphone, justement du référent de la manifestation, il est 13 h 17. Il me demande si la préfecture m'a appelé. Je réponds « Non ! Il n'y a que vous. » « Ah ! (silence) j'ai bien peur que la manifestation est annulée ». « Je fais quoi ?! Personne ne m'a prévenu ! »

Voilà la tactique produite et reproduite par le préfet Lallement, au mépris du droit et de la sécurité de la population. Le témoignage de Faouzi continue ainsi :

« Quand je reçois cet appel, je suis en état de choc, énervé. J'essaye d'analyser la situation : il n'y a rien de particulier, à part des petites tensions légères, c'est un prétexte. Je vais essayer de prévenir les gens. Je monte sur l'un des plots blancs et rouges [au centre de la place]. J'essaye d'appeler un maximum de monde. Je réussis, de visu, à informer 200-300 personnes qui sont autour de moi. Je leur dis : « Écoutez-moi, écoutez-moi », et leur annonce que je viens de recevoir un coup de téléphone du référent de police. La manifestation serait apparemment annulée.

« On ne peut pas laisser faire ça. » Je vais essayer de voir, de négocier. Il y a des gens qui entendent, ça les met encore plus en colère. Le bruit commence à circuler. Je rencontre des gens qui me demandent : « Qu'est-ce que tu as dit ? Que se passe-t-il ? » Je n'avais pas les outils, le moyen de pouvoir avertir tout le monde. Et lui [le référent], il me prévient juste par téléphone, la police ne fait aucune annonce publique, alors qu'elle a le matériel pour le faire. Vu le nombre de manifestants qu'il y avait, c'est impossible. (...) Au niveau du boulevard d'Italie, il y a un cordon de CRS et un camion à eau. Je m'y dirige pour trouver le référent.

Le bruit commence à circuler. Il faut que je puisse voir le référent, je le cherche. La situation de conflit commence. Il y a pas mal d'échauffourées. Je décide d'aller vers l'avenue, en direction de Montparnasse. Je vois un barrage où ça commence à chauffer vraiment, ainsi qu'avenue d'Italie. (...) Je brandis ma déclaration. J'essaye d'avoir le référent. Je fais barrage, car ça commence à tirer de partout, derrière ça répond par du caillassage. Je me mets entre les deux. J'essaye de stopper en même temps la progression de la police et empêcher la confrontation.

J'essaye d'avoir le référent au téléphone, il ne répond pas. Le canon à eau se met à progresser. Des tirs de lacrymogènes et de grenades se succèdent, mais ils ne chargent pas. Derrière moi, les gens se protègent avec toutes les barrières de travaux. J'essaye de temporiser, négocier un départ. Cette décision d'annuler sans raison a créé un sentiment d'injustice, en déclenchant la colère, ça va en découdre. Pendant une dizaine de minutes, j'essaie d'invectiver les policiers pour leur demander : « Pourquoi vous faites ça ? Nous avons une autorisation, nous sommes dans la loi. Nous avons l'autorisation de manifester. Pourquoi vous nous en empêchez ? »

À ce moment-là, leur seul but, c'est de réprimer, de faire des blessés. Je vois les conséquences qu'il va y avoir. Je ne lâche pas. Une charge m'arrive dessus (...) un commissaire me charge les deux mains devant pour me faire tomber. J'ai la vidéo qui le prouve. Celui qui est derrière moi, Jack Miault (...), fait tampon, c'est lui qui tombe en arrière. Jack essaye de me suivre pour me protéger, il se prend plusieurs coups de matraques, dont une qui lui fêlera une côte flottante, alors qu'il protège une femme. Il ne portera pas plainte à l'IGPN, malgré des preuves vidéos accablantes…

Je reviens vers la police pour leur dire qu'ils ne vont pas m'intimider, je suis en règle. Je me mets de face et leur dis : « Pourquoi vous voulez me frapper ? Pourquoi vous faites ça ? Nous sommes en règle, nous respectons la loi. Nous avons une autorisation signée par la préfecture, vous n'allez pas nous empêcher de manifester. » Didier Maïsto, le patron de Sud Radio, à côté de moi, me dit : « Faouzi, ne reste pas là, tu vois bien que cela ne sert à rien. Cela ne va rien changer, ils n'ont pas envie de t'écouter. » Je finis par avoir le référent de police. Il me dit qu'il est boulevard de l'Hôpital… aucun départ ne sera possible…

Que s'est-il passé ? (…). »

Là est toute la question, mais il n'y aura pas de réponse tant qu'il n'y aura pas d'enquête – par « enquête », nous n'entendons pas une enquête réalisée par l'IGPN, puisque c'est la police qui enquête sur la police. C'est d'ailleurs ce qu'avait demandé depuis mars 2019 Michelle Bachelet, la haut-commissaire aux droits de l'homme des Nations Unies, citée en Partie 1 :

> « Nous encourageons le gouvernement à poursuivre le dialogue et demandons urgemment **une enquête appro-fondie**[46] sur tous les cas rapportés d'usage excessif de la force », a affirmé devant le Conseil des droits de l'homme à Genève l'ancienne présidente chilienne.

---

46. Souligné par nous.

Cette dernière a souligné que les « gilets jaunes » manifestaient contre « ce qu'ils considèrent comme leur exclusion des droits économiques et de leur participation aux affaires publiques ».[47]

Voici la suite de l'article :

La réponse des autorités françaises a été immédiate.
« On n'a pas attendu le haut-commissaire de l'ONU pour faire toute la lumière sur l'ensemble des faits dès lors qu'il y a des plaintes », a répliqué le Premier ministre français, Édouard Philippe, sur BFM-TV.
« J'aime beaucoup entendre les conseils du haut-commissaire, mais je rappelle qu'en France, on est dans un État de droit et que la République à la fin est la plus forte », a-t-il insisté, soulignant « qu'il faudrait expliquer [à Michelle Bachelet] l'ensemble des faits et notamment l'extrême violence qui s'est déchaînée sur les forces de l'ordre ou sur des biens privés, parfois sur des symboles de la République ».

Cher Édouard Philippe, puisque vous affirmez que nous sommes dans un État de droit, pourquoi ne pas saisir la justice pour qu'elle se prononce sur les possibles violations du droit par le préfet de police exposées de manière synthétique dans ces quelques pages ? Effectivement, la République n'en sera que plus forte. Et quel magnifique symbole qu'un gouvernement qui ne tolère aucune violation du droit en son sein et mettrait tout en œuvre pour que cessent de tels dysfonctionnements !

____

47. *« Gilets jaunes » : l'ONU demande à la France d'enquêter sur « l'usage excessif de la force », Le Monde* avec l'AFP, 6 mars 2019.

Besoin de justice

La France aurait-elle oublié qu'elle est historiquement considérée par les nations du monde comme la patrie des droits de l'homme et du citoyen ? Non seulement les Nations Unies mais aussi le Parlement européen interpellent notre pays au sujet des violences policières, mais la sévérité des condamnations prononcées à l'encontre des Gilets jaunes laisse à penser que la justice est loin d'être indépendante. La séparation des pouvoirs ne semble plus assurée, la justice serait désormais aux ordres.

La responsabilité de l'exécutif et les restrictions préfectorales aux libertés d'expression et de manifestation ainsi que la répression policière n'ont pas manqué d'interpeller le juriste et le citoyen que je suis. Il y a là matière à réflexion. Comment mieux assurer la liberté d'expression et celle de manifester ? Les dispositions du Code de sécurité intérieure garantissent insuffisamment la liberté de manifester et mériteraient d'être révisées, car elles permettent aux préfets de décider s'ils autorisent une manifestation ou non, ce qui est contraire au droit international.

La difficulté est que les préfets, pourtant hauts-fonctionnaires, ont une fonction politique qu'ils ne devraient pas revêtir.

Le statut des procureurs n'est-il pas aussi à redéfinir ? La totale indépendance des procureurs de la république ne doit-elle pas être assurée vis-à-vis de l'exécutif ? En l'état du droit, ce sont eux qui décident si un citoyen doit être renvoyé ou non devant un tribunal correctionnel pour être jugé. Il est aussi anormal que l'exécutif donne des instructions aux procureurs quant au traitement des dossiers sensibles : ils sont censés être des magistrats. Par leur intermédiaire, c'est bien l'impartialité de la magistrature qui est mise en cause. Et donc celle de la justice…

Besoin de démocratie

Les événements de la place d'Italie montrent que le préfet de police de Paris a commis de possibles violations du droit, avec des conséquences irrémédiables, ce que réprime lourdement le Code pénal. Pourtant, aucun procureur, aucun magistrat n'est saisi par les plus hautes autorités du pays.

Elles semblent même satisfaites de ses bons et loyaux services, ainsi qu'en témoignent les propos sans équivoque tenus le 19 février 2020 par le ministre de l'Intérieur, son autorité de tutelle :

Il n'y a aucun « problème Lallement ».[48]

De toute façon, le problème ne peut pas être le seul Didier Lallement : s'il viole la loi, c'est toute la chaîne de commandement, donc l'exécutif, qui est complice, responsable et coupable.

D'autant plus que d'autres préfets (re)produisent les mêmes atteintes aux libertés publiques en région. En conséquence, il serait nécessaire d'enquêter aussi sur les instructions qui leur furent données quant à l'utilisation de la « force légitime » contre les Gilets jaunes.

Au-delà des violences récurrentes de l'État contre ces hommes et ces femmes, dont tant ont été mutilés et blessés, les événements de la place d'Italie mettent en lumière une question à laquelle il devient indispensable de répondre : si le droit peut être impunément violé par les plus hautes autorités de l'État, que vaut cette démocratie ?

L'exigence d'enquête et de justice est désormais un devoir.

---

48. C. Castaner *France Inter*, 19 février 2020.

P.S. Tandis que se termine la rédaction de ce livre, Priscillia Ludosky et Faouzi Lellouche s'apprêtent à déposer plainte, par l'intermédiaire de Me Guillaume Martine, à l'encontre du préfet Lallement et contre X, concernant ces événements de la place d'Italie.

9 791096 132461